¡PERSONAS FAMOSAS QUE HAN LEÍDO Y SE HAN ENRIQUECIDO!

El responsable del éxito de todo hombre verdaderamente importante suele ser algún buen libro.

–Roy L. Smith

- **Lou Holtz**, uno de los entrenadores con mayor cantidad de triunfos en la historia del fútbol americano universitario, reconoce que el libro *Pensar en grande: la magia del éxito* (con título original *The Magic of Thinking Big*) representó un punto de inflexión en su carrera profesional.

- **W. Clement Stone**, empresario multimillonario y autor de libros *bestseller,* dice que el libro de Napoleón Hill *Piense y hágase rico* (*Think and Grow Rich*): "cambió el curso de mi vida". El libro de Hill inspiró a Stone a desarrollar el hábito de ayudar a otros regalándoles libros de crecimiento personal, hábito que ha seguido religiosamente desde hace cincuenta años.

- **Donna Reed**, ganadora del Premio Óscar y estrella precoz de la televisión, era una estudiante tímida e insegura de primer año de secundaria cuando leyó *Cómo ganar amigos e influir sobre las personas* (*How to Win Friends and Influence People*). Cuando terminó de leer el libro, obtuvo un papel protagónico en la obra teatral del colegio, iniciando una carrera de cuarenta años en cine y televisión.

- **J.W. Marriot**, presidente de los hoteles Marriot, se conmovió tanto con el mensaje del libro *El vendedor más grande del mundo* (*The Greatest Salesman in the World*), que le regala un ejemplar a cada uno de sus ejecutivos de marketing.

- **Dave Thomas**, fundador de la cadena de restaurantes Wendy's, había abandonado la escuela secundaria y no tenía una buena concepción de sí mismo cuando tuvo la posibilidad de leer *El poder del pensamiento positivo* (*The Power of Positive Thinking*). Hoy en día, encabeza un emporio de comidas rápidas con miles de restaurantes en todo el mundo.

- **Phyllis Diller**, la famosa comediante, era una ama de casa frustrada e insegura cuando leyó *La magia de creer (The Magic of Believing)*. El libro le dio la confianza para probar suerte en el mundo del espectáculo, y así llegó a convertirse en una de las actrices cómicas más conocidas de Estados Unidos.

- **Archle Moore**, excampeón de boxeo de peso semipesado que ganó por nocaut 141 de las 228 peleas en las que participó, no era un gran lector, hasta que fue convocado para representar al esclavo Jim en la versión cinematográfica de *Las aventuras de Hucklebeny Finn*. Moore leyó el libro para prepararse para el papel, y de ahí en más se convirtió en un ávido lector y afirmó "Ahora que descubrí los libros, vivo de verdad".

LEA Y HÁGASE RICO

Cómo el poder de la lectura puede enriquecerlo en todas las áreas de su vida

BURKE HEDGES

TÁLLER DEL ÉXITO

LEA Y HÁGASE RICO
Título en inglés: Read and Get rich.

Publicado por:
Taller del Éxito, Inc
1669 N.W. 144 Terrace, Suite 210
Sunrise, Florida 33323
Estados Unidos

Editorial dedicada a la difusión de libros y audiolibros de desarrollo personal, crecimiento personal, liderazgo y motivación.

Corrección de estilo: Diana Catalina Hernandez y Ana Patricia Caicedo
Diseño de carátula y diagramación: Chrislian Daza

ISBN: 9781607386827

Printed in Colombia
Impreso en Colombia

22 23 24 25 26 ❖ | CB 05 04 03 02 01

ÍNDICE

¡El libro correcto en el momento exacto puede cambiar tu vida!

DEDICATORIA

Le dedico este libro a mi esposa Debbie y a nuestros cuatro hijos Burke Jr., Nathen, Spencer y Aspen Marie. Gracias a ustedes, mi vida se enriquece en amor cada minuto de cada día.

AGRADECIMIENTOS

Gracias al doctor Steve Price por su investigación incansable, dedicación constante, combinación única de talentos y compromiso generoso con INTI Publishing & Resource Books. Has sido un gran compañero en los últimos siete años, pero, mucho más que eso, has sido un gran amigo. De nuevo, muchas gracias por las muchas contribuciones hechas en los años pasados (las que, estoy seguro, proseguirán en años futuros).

Mi reconocimiento especial a Katherine Glover, presidente de INTI Publishing & Resource Books, por su entusiasmo y atención a los detalles en el proceso de escritura y edición. Katherine, cada proyecto que tocas queda firmado con tu excelencia. Gracias por tu enorme contribución. Eres una de las pocas personas que transita el camino en lo que respecta a leer y enriquecerse.

Mi gran aprecio a Sandra Bailey por cuidar mis otras obligaciones comerciales mientras invertía mi tiempo en escribir este libro. Te estimo más de lo que te imaginas.

Mi demorado agradecimiento a Sandee Lorenzen, Debbie Hedges, Jewel Parago, Linda Burleson y Kim Plavnick por ocuparse de las operaciones diarias de INTI Publishing. Todos ustedes son personas especiales y, definitivamente, son especiales para mí.

Muchas gracias a Pat Chrinko, Joel Bailey, Nancy Kevorkian, Jeff Keller, Ann Matherlee y Shari Palasti por sus sugerencias y conocimientos mientras este libro era todavía un proyecto en borrador.

Finalmente, quisiera extender mi sincera gratitud a todas y cada una de las personas que tuvieron intervención en este proyecto. Ojalá que su dedicación y trabajo arduo les sea retribuido mil veces, porque, de verdad, sus esfuerzos harán una diferencia en la vida de otras personas.

DEL ESCRITORIO DE BURKE HEDGES

Leer iguala el campo de juego

En este libro leerán sobre decenas de personas con todo tipo de antecedentes.

Algunos nacieron en cunas de oro. Otros nacieron del lado equivocado del camino.

Algunos provenían de hogares destruidos. Otros se criaron con padres cariñosos y dedicados.

Algunos nacieron con coeficiente intelectual de casi genios. Otros nacieron con inteligencia promedio, en el mejor de los casos.

Algunos nacieron bellos o hermosos. Otros eran normales o incluso feos.

Algunos nacieron libres. Otros nacieron esclavos.

Algunos eran negros... otros eran blancos ... algunos eran hombres... otros eran mujeres... y así sigue la lista.

Pero cada una de las personas incluidas en estas páginas tienen algo en común: todos mejoraron increíblemente sus vidas leyendo.

Ya verán, leer, como ninguna otra actividad, iguala el campo de juego de la vida, por decirlo de alguna manera. Es un gran compensador. La lectura nos transforma de quien somos ahora... a quien podemos ser en el futuro. E incluso si nos transformamos apenas un poco, ya podemos considerarnos más ricos que el día anterior.

Espero sinceramente que este libro encienda su pasión por la lectura, lo que, a su vez, les dará el poder para descubrir sus talentos especiales, y luego usarlos para convertirse en todo lo que puedan ser.

Burke Hedges

INTRODUCCIÓN

¡El libro correcto en el momento exacto puede cambiar tu vida!

Un buen libro contiene más riqueza verdadera que un buen banco.

–Roy L. Smith

Soy la prueba viviente de que el libro correcto en el momento correcto puede cambiar tu vida radicalmente.

Hace menos de doce años, yo ganaba $5,50 dólares por hora... vivía en un pequeño departamento de dos ambientes con mi esposa embarazada y nuestro hijo de un año... mi automóvil era un oxidado Datsun rojo de 1976, todo remendado con fibra de vidrio gris... sentía pena de mí mismo... estaba hastiado de mi trabajo y de mi vida... y no sabía qué hacer.

Un día, mi cuñada (cansada de mis quejas, pero percibiendo un potencial en mí que ni siquiera yo reconocía) me entregó un ejemplar del libro de Og Mandino *El vendedor más grande del mundo* (*The Greatest Salesman in the World*).

Ese fue el punto de inflexión en mi vida.

El libro de Mandino me inspiró a dejar mi empleo, en el cual no tenía oportunidad de progreso, y a buscar un trabajo como vendedor de teléfonos celulares. Un año después de mi primera venta, ya había abierto mi propio negocio de venta de teléfonos celulares y, además, desde entonces, lo digo con orgullo, he sido un empresario exitoso.

¡Todavía me sorprendo al pensar en cuántas maneras distintas se ha enriquecido mi vida por un libro que cuesta menos de diez dólares!

Lea y hágase rico

El título de este libro que sostienes en tus manos es un homenaje al inmortal éxito de Napoleón Hill, *Piense y hágase rico* (*Think and Grow Rich*), un libro maravillosamente perspicaz que ha enriquecido mi vida —y la de millones de personas— más allá de todo cálculo.

El libro de Hill, *PIENSE y hágase rico*, explica de qué manera las personas comunes pueden crecer económicamente siguiendo los principios de generación de riqueza aprendidos de los más grandes industriales estadounidenses, como Andrew Carnegie, John D. Rockefeller y Henry Ford. Este libro, *LEA y hágase rico*, explica cómo los poderes subyacentes en la lectura pueden darle fuerza para enriquecerse en el sentido más amplio de la palabra. Rico en dinero, sí. Pero también rico en amor. Rico en felicidad. Rico en familia. Rico en salud. Rico en satisfacción. Rico en su relación con Dios. En otras palabras, rico en todos los aspectos de su vida.

> *Leyendo descubrimos nuestro mundo, nuestra historia y a nosotros mismos.*
>
> –Daniel J. Boorstin

La lectura, por sobre cualquier otra actividad, tiene el poder de liberar nuestro potencial y, a través de ese proceso, liberar "los mejores ángeles de nuestra naturaleza", como dice una de las frases favoritas de Abraham Lincoln, ávido lector que, gracias al poder de la palabra escrita, se transformó drásticamente de pobre niño montañés a ser el presidente más importante de los Estados Unidos.

El impactante poder de la lectura

He pensado mucho sobre el impacto que *El vendedor más grande del mundo* y otros grandes libros han tenido en mí vida, tratando de entender porqué letras negras escritas sobre un papel blanco tuvieron el poder de cambiar el curso de mi vida. Siempre supe que pasaba algo mágico cuando leía, pero durante mucho tiempo no pude expresarlo con palabras. Solo sé que cuando leo buenos libros, siento algo transformador... edificante... y que cambia mi vida.

Entonces, un día encontré un artículo periodístico del historiador Daniel J. Boorstin, ganador del Premio Pulitzer, que resumía el valor de leer en una oración sencilla pero profunda:

Al leer descubrimos el mundo, nuestra historia y a nosotros mismos. Esta cita explica bastante bien el impactante poder de la lectura. Por encima de cualquier otra actividad mental, leer nos cambia y nos mejora al obligamos a pensar... imaginar... examinar... crecer... y en ese proceso, "descubrir el mundo, nuestra historia y a nosotros mismos."

Cuando leemos libros inspiradores que nos hacen pensar, nos enriquecemos en todas las fases de nuestra vida. En síntesis, leer tiene el poder de transformarnos de lo que SOMOS ahora mismo en lo que PODRÍAMOS ser en el futuro. Según Henry David Thoreau: "Un libro verdaderamente bueno me enseña mejor que su lectura. Pronto debo dejarlo para comenzar a vivir de acuerdo con sus sugerencias... Lo que comienza con la lectura lo debo concluir actuando".

Qué aprenderás en este libro

La lectura nos influye de maneras que ni siquiera podemos comprender. Diversas investigaciones demuestran que leer cambia nuestra manera de resolver problemas, almacenar información, contar historias, interpretar el mundo y pensar acerca de nosotros mismos. ¡La lectura nos cambia inclusive la forma del cerebro! Cuando nos detenemos a pensar de verdad en el impacto que tiene la lectura en nuestras vidas, nos quedamos sorprendidos.

En las páginas siguientes, los ayudaré a comprender mejor la poderosa influencia que tiene la lectura en nuestra cultura y en nuestras propias vidas. Aprenderán por qué la invención de la lectura y la escritura sigue siendo el adelanto tecnológico más transformador en la historia del mundo, lo que sucede en nuestras mentes cuando leemos y por qué las sociedades letradas superan a las culturas de tradición oral. Aprenderán por qué leer es diferente (y superior en muchos aspectos) a escuchar radio o ver televisión y cómo leer un libro para extraer lo más posible de él. Aprenderán por qué los "libros electrónicos" pronto serán tan comunes como el correo electrónico y por qué todo el mundo (incluido TÚ) puede leer y hacerse rico.

Leer y crecer

Tanto si eres es un ávido lector como si este es el primer libro que lees desde la secundaria, el hecho es que este libro (o quizás el próximo que tomes) puede facilitar tu enriquecimiento de maneras muy diversas.

Hacerse rico comienza con un acto simple y poderoso. Debes tomar un libro... abrirlo... y comenzar a leerlo... así empezarás a crecer de maneras que nunca imaginaste.

CAPÍTULO 1

Años después...

Muchas veces la lectura de un libro ha forjado el futuro de un hombre.

–Ralph Waldo Emerson

Es un día magnífico, claro y soleado de fines de marzo de 1993. Mi esposa Debbie y yo estamos en la cima de una montaña en Aspen, Colorado. Tenemos una visibilidad de varios kilómetros de distancia hacia cualquier dirección. Me ajusto las botas de esquí y me apoyo en los bastones, mientras examino con serenidad la vasta belleza blanca que me rodea.

"Me siento tan bendecido," me digo, mientras el sol hace brillar el fresco polvo debajo de mis esquíes. "¿Por qué yo? ¿Qué hice para merecer todo esto?".

Había planeado estas cortas vacaciones en Aspen como regalo sorpresa para mi esposa, quien me había acompañado durante un viaje de negocios a Arizona. Una mañana, antes de partir, mientras Debbie había salido a hacer trámites, preparé la ropa que ella usaba para esquiar y arreglé que la enviaran al hotel Ritz

Carlton de Aspen. Le pedí a mi secretaria que solicitara nuestro vuelo de regreso vía Denver y reservé un avión privado desde allí hasta Aspen, donde nos esperaría una limusina del Ritz.

¡Tomé a Debbie totalmente desprevenida! ¡Cuando abordamos el vuelo en Denver, ella estaba convencida de que estábamos retornando a Florida! Recién le conté mi secreto mientras disfrutábamos de una excelente comida de primera clase. ¡Nos dirigíamos a Aspen a disfrutar de unas bien merecidas vacaciones de cinco días! Debbie estaba sorprendida. Y encantada. Vivimos unas magníficas vacaciones que ambos recordaremos y apreciaremos durante el resto de nuestras vidas.

¿Por qué recibo tantas bendiciones?

Una tenue nevada caía silenciosamente a mis pies, mientras yo descansaba en la cima de las montañas de Aspen, reflexionando ¿Por qué yo?... ¿Qué hice para merecer toda esta belleza y lujo?

> *Los libros sirven tan sólo para inspirar.*
>
> –Ralph Waldo Emerson

En un instante, mi mente retrocedió a 1986, cuando mi cuñada me entregó el libro *El vendedor más grande del mundo* (*The Greatest Salesman in the World*). En aquella época, yo tenía deudas, me sentía mal y estaba casi completamente desesperanzado. Hasta ese momento de mi vida, nunca había sido un gran lector. Sí, claro, había leído los libros de texto y los relatos para los trabajos escolares, pero nunca había leído un libro de "crecimiento personal". Por alguna razón, el libro de Og Mandino me atrajo. Recuerdo que, mientras lo hojeaba, mi mirada se detuvo en una página con el título: "Pergamino 1: Hoy comienzo una nueva vida".

"Parece interesante. Gracias, Susan", dije mientras dejaba el libro sobre la mesa del comedor. "Voy a comenzar a leerlo hoy". Esa tarde tomé el libro y me desplomé sobre nuestro viejo y tosco sillón de segunda mano.

"Voy a leer unas páginas antes del partido de fútbol americano", pensé. "Es un libro bastante corto... seguramente me va a resultar fácil terminarlo antes de volver a ver a Susan".

Y así ocurrió, fue fácil terminarlo. Leí *El vendedor más grande del mundo* de corrido. Aún recuerdo cómo me conmovió hasta las lágrimas y me dio la esperanza de una vida mejor: "Si un camellero sin educación puede salir de la pobreza y hacerse rico siguiendo los principios de este libro, entonces yo también puedo", pensé.

***

Acomodé sobre mis ojos los anteojos de sol para atenuar la claridad cegadora. Era temprano, no tenía prisa por descender de la montaña. Elegí prolongar aquel momento un poco más y reflexionar acerca de cuánto había cambiado mi vida en los últimos siete años y cuán diferentes podrían haber sido las cosas si hubiera elegido no leer aquel pequeño libro.

"Elección. ¡Qué concepto sorprendente!", pensé, mientras miraba al constante flujo de esquiadores que elegían su camino de descenso por la montaña. "Aquel hombre con traje de nieve amarillo elige el sendero de los árboles. Aquel hombre corpulento elige cruzar la montaña en una línea larga y lenta. Y el adolescente elige lanzarse en línea recta por la pendiente. Cada esquiador intenta alcanzar el mismo objetivo, llegar seguro a la base de la montaña y divertirse al mismo tiempo. Pero todos eligen diferentes caminos para llegar allí".

Las frases con sentido son como uñas afiladas que imponen la verdad en nuestra memoria.

–Diderot

De pronto, dos miembros de la patrulla de esquí pasaron por mi lado jalando un trineo con un esquiador herido.

"Aquel hombre eligió zigzaguear cuando debería haber virado y, de repente, su vida se encamina hacia una dirección no prevista. Todas nuestras elecciones, tanto grandes como pequeñas, tienen consecuencias. Es la ley de causa y efecto", pensé mientras observaba al esquiador herido perdiéndose gradualmente en la distancia.

La elección y no el azar determina tu destino

Cuando decidí leer *El vendedor más grande del mundo*, no tenía ni idea de cómo iba a cambiar mi vida. En ese momento, parecía una elección pequeña, sin consecuencias. Pero al igual que el esquiador accidentado que eligió "zigzaguear en lugar de esquivar", las pequeñas elecciones pueden tener consecuencias enormes. Incluso una decisión aparentemente pequeña, como comenzar a ir a un gimnasio o ponerse el cinturón de seguridad antes de salir del estacionamiento, puede cambiar radicalmente la dirección de tu vida.

Fue fácil leer *El vendedor más grande del mundo*. Lo terminé en unas horas. Genial.

Pero hubiera sido igual de fácil NO leerlo.

Fácilmente, yo podría haber mirado el libro mientras pasaba por su lado y haber dejado la lectura para otro día... y luego otro día... y otro día... hasta que finalmente se convirtiera en una "tarea" más de las que nunca me animaba a completar.

Pero tuve el sentido común (y la buena fortuna) de usar la capacidad que me dio Dios para tomar una decisión que me ayudaría en lugar de lastimarme.

Mi buen amigo Gary Blair, autor de *¿Cuáles son tus objetivos?* (*What are your Goals?*), cierra toda su correspondencia con estas palabras: "Todo cuenta". Una vez le pregunté qué quería decir con ello.

"Significa que todo lo que uno hace, por grande o pequeño que sea, lo acerca o lo aleja a uno de sus objetivos. De ahí que todo cuenta".

Esa afirmación es tan simple y a la vez tan profunda. ¡Todo cuenta! ¡Es cierto! Nuestras elecciones nos ayudan a mejorar o nos detienen. No hay término medio. Todo cuenta.

Hace años, cuando decidí leer *El vendedor más grande del mundo*, no pensaba conscientemente que "todo cuenta", pero en mí interior debo haber notado que los grandes cambios comienzan con pequeñas elecciones. En ese momento, estaba tan cansado de mi vida que estaba decidido a hacer lo que fuera necesario para hacer grandes cambios. Si eso implicaba optar por leer un libro, entonces eso era lo que estaba dispuesto a hacer. Como dije, es una de las mejores decisiones que he tomado en mi vida.

Transformado por la palabra escrita

Quizás hayas escuchado la vieja expresión: "Cuando el discípulo esté listo, aparecerá el maestro." Y en verdad, en 1986, esa expresión fue verídica para mí (yo fui el alumno y Og Mandino el maestro).

Irónicamente, cuando comencé a leer su libro no tenía ni idea del impacto que causaría en mi vida. Ciertamente, no esperaba cambiar. Entretenerme, sí. Cambiar, no.

Pero a medida que daba vuelta a las páginas, sentía que algo casi mágico me estaba pasando. Era como si alguien dentro de mí... más sensible, más profundo, más honesto, más abierto, MI YO INTERIOR, si quieren, estuviera leyendo el libro. Y "mi yo interior" estaba prestando atención al mensaje con el corazón abierto y la mente dispuesta.

Antes de contarles qué era lo que me hablaba de forma tan directa, permítanme recapitular el argumento, por si alguno de ustedes aún no ha leído el libro. La historia de *El vendedor más grande del mundo* se desarrolla en Palestina, cerca de Nazareth, hace 2000 años. Un viejo comerciante rico llamado Hafid, conocido por todos como *El vendedor más grande del mundo*, le cuenta a su confiable servidor la historia de cómo salió de la pobreza y se hizo fabulosamente rico.

El argumento es inteligente y mantiene el suspenso. No voy a arruinar tu lectura del libro contándote los detalles. Pero gran parte del mismo trata acerca de diez antiguos pergaminos, cada uno conteniendo un principio eterno para el éxito. Son los siguientes:

Pergamino 1. Hoy comienzo una nueva vida

Pergamino 2. Saludaré este día con amor en mi corazón

Pergamino 3. Persistiré hasta alcanzar el éxito

Pergamino 4. Soy el milagro más grande de la naturaleza

Pergamino 5. Viviré este día como si fuese el último de mi vida

Pergamino 6. Hoy seré dueño de mis emociones

Pergamino 7. Me reiré del mundo

Pergamino 8. Hoy multiplicaré mi valor en un ciento por ciento

Pergamino 9. Procederé ahora mismo

Pergamino 10. De aquí en adelante oraré, pero mis clamores pidiendo ayuda serán solamente clamores pidiendo dirección.

Leer es una manera de pensar con la mente de otra persona: te obliga a expandir la tuya propia.

–Charles Scribner, Jr.

Como pueden ver, los principios están más relacionados, *per se*, con tener una vida feliz y plena que con la venta en sí, pero ese es uno de los puntos de Mandino: vender es vida y la vida es vender.

***

Cuando golpeé mis esquíes en la nieve, pequeñas porciones de hielo se esparcieron desde mis botas en todas direcciones. Respiré hondo y exhalé lentamente, apreciando el momento.

"Este instante no podría ser mejor", me dije. Me sentía tan relajado y satisfecho. No tenía apuro en que aquel momento terminara.

"¿Por qué no esquías hacia el refugio?", le dije a Debbie. "En unos minutos estaré contigo para beber una taza de chocolate caliente".

Observé a Debbie mientras descendía por la ladera de la montaña, con su cabello largo y oscuro flotando detrás de ella. Yo seguía pensando en *El vendedor más grande del mundo* y luchaba por recordar qué había en el libro que me había motivado a mejorar mi vida y, en el proceso, las vidas de mi esposa y de mi creciente familia.

Una palabra aparecía una y otra vez en mi cabeza: esperanza.

El libro me daba la esperanza de que si Hafid, un pobre muchacho camellero, había podido hacerse rico, entonces yo, Burke Hedges, un pobre constructor de botes, podría hacer lo mismo. El libro me brindaba la esperanza de que el éxito estaba al alcance de casi cualquiera que estuviera dispuesto a aprender y aplicar unos pocos principios simples y eternos explicados en un libro barato y de impresión económica.

Asistí a muchas conferencias en innumerables aulas a lo largo de mi vida. Cuento con un título terciario en justicia penal para demostrarlo. Pero ni un solo maestro en mis dieciséis años de educación formal me enseñó nada acerca de los principios para triunfar. Mientras leía y releía los principios de cada pergamino, Mandino el autor se convirtió en mi mentor Mandino.

Un libro verdaderamente bueno
me enseña mejor que su lectura.
Pronto debo dejarlo para
comenzar a vivir de acuerdo
con sus sugerencias...
Lo que comienza con la lectura
lo debo concluir actuando.

–Henry David Thoreau

Dos semanas después de leer *El vendedor más grande del mundo*, renuncié a mi empleo y me postulé a un nuevo trabajo de venta de teléfonos celulares. No tenía experiencia en ventas cuando me presenté para ese empleo. Recuerdo que me senté en el estacionamiento a las 5:30 de la mañana, esperando que el gerente abriera. Literalmente tuve que rogarle al hombre que me diera el trabajo, cuya remuneración constaba de $250 dólares por semana más comisiones. Me tenía tan poca fe que me asignó una zona rural a setenta kilómetros de nuestro apartamento. Perdía dos horas diarias conduciendo de ida y vuelta al trabajo.

Pero estaba decidido a triunfar, ¡como fuera! Seguí fielmente los principios establecidos por Mandino una y otra vez. " Persistiré hasta alcanzar el éxito; Hoy multiplicaré mi valor en un ciento por ciento; Procederé ahora mismo". y comencé a lograr resultados inmediatos. Al final del primer mes, había ganado $4.000 dólares en comisiones. Al finalizar el segundo mes, era el vendedor líder del distrito. Y al cabo de un año, había abierto mi propio negocio de venta de teléfonos celulares.

Debo admitir que tal vez no me haya convertido en *El vendedor más grande del mundo*. Pero estaba en camino a ser el mejor vendedor que yo pudiera ser. De hecho, me estaba enriqueciendo en todas las áreas de mi vida.

Las preguntas que me llevaron a escribir este libro

Durante y después de aquellas vacaciones en Aspen, pasé mucho tiempo pensando en el libro de Mandino y en los muchos libros que había leído desde entonces. Aquí están algunas de las preguntas clave que me hacía a mí mismo:

- ¿Dónde estaría hoy si no hubiera elegido leer *El vendedor más grande del mundo*?
- ¿Qué tienen los libros que les permite llegar a nuestras fibras más íntimas?
- ¿Qué otros libros han tocado profundamente mi vida?

- ¿Han resultado las vidas de otras personas transformadas gracias a los libros? Si es así, ¿qué personas y qué libros?
- ¿Existe en la lectura algo único que la convierte en un agente de transformación especialmente poderoso?
- ¿Existe una correlación positiva entre éxito y lectura?
- ¿Sería el mundo un lugar completamente diferente si nunca se hubiera inventado la lectura?

Investigué estas y otras muchas preguntas a lo largo de los años. Las respuestas se convirtieron eventualmente en el libro que tienes en tus manos.

Hasta este momento has leído acerca de cómo un libro cambió mi vida.

Antes de hablar de cómo un libro puede cambiar tu vida, tomaremos unos momentos para leer fascinantes historias de "pobres a ricos" de personas luchadoras (muchas de las cuales se hicieron luego famosas) que transformaron sus vidas mediante el poder de la lectura, demostrando de una vez y para siempre que las personas pueden, de hecho, ¡leer y hacerse ricas!

CAPÍTULO 2

El poder de los libros para transformar vidas

Todo hombre que sepa leer tiene poder para magnificarse, para multiplicar sus maneras de existir, para hacer su vida plena, significativa e interesante.

—Aldous Huxley

Un sociólogo que estuviese escribiendo un libro de texto no podría haber seleccionado un mejor caso de estudio de una familia destinada al desastre que la de Sonya Carson y sus jóvenes hijos, Curtis y Ben. Estadísticamente hablando, los muchachos tenían más posibilidades de ir a la cárcel que de concluir la escuela secundaria.

Durante su infancia, Sonya pasó de un hogar substituto a otro. Asistía con poca frecuencia al colegio y a los trece años se casó con un hombre mayor, sin saber que ya él tenía otra mujer y cinco hijos.

Poco después del nacimiento de su segundo hijo, su esposo la abandonó y Sonya se hundió en una depresión tan grave que la tuvieron que internar en un centro de prevención de suicidios. Como vivían en extrema pobreza en un ruinoso bloque de viviendas públicas en una de las zonas más humildes de Baltimore, Sonya y sus dos hijos estaban aparentemente predestinados a una vida de delitos, drogas y desesperación.

Leer y hacerse rico en un barrio popular

Pero Sonya, a pesar de su falta de educación formal, estaba decidida a que sus hijos triunfaran. Para comenzar, les dejaba ver solo dos programas de televisión por semana. El resto de su tiempo libre, según les anunció la madre, deberían pasarlo leyendo.

Todo lo que la humanidad ha hecho, pensado, logrado o sido está en las páginas de los libros.

–Carlyle

Sonya insistía en que sus hijos leyeran y le entregaran todas las semanas informes sobre esos libros; les exigía que le leyeran en voz alta, porque ella escasamente podía leer. También les pedía que le leyeran su libro favorito (el libro de los Proverbios) y que luego le explicaran lo que habían leído.

No pasó mucho tiempo para que a los niños les fuera tan bien en el colegio que comenzaran a avergonzarse de su madre. Le decían: "Mamá, ¿por qué no puedes leer o hablar mejor?". Sonya les contestaba: "Enséñenme. Si no me pueden enseñar, no me critiquen".

Cuando llegó el momento de la universidad, Sonya no tuvo que preocuparse por el pago de las matrículas, sus dos hijos recibieron becas de importantes universidades. Curtis se graduó en la Universidad de Michigan y Ben en Yale. Sonya siempre creyó que el "sueño americano" se podía lograr mejor a través de la educación, por eso decidió practicar lo que predicaba. Ella también volvió a la escuela y terminó sus estudios secundarios a la vez que sus hijos se graduaban de la universidad.

Con la ayuda de sus hijos, Sonya mejoró sus habilidades de lectura y escritura: "escribía trabajos prácticos y les pedía que me corrigieran", recuerda. Con su nueva formación, Sonya pudo dejar atrás una serie de trabajos humildes y se convirtió en decoradora de interiores.

Los muchachos continuaron sus estudios hasta lograr carreras profesionales. Curtis es ingeniero y su esposa es médica. Su hermano, el Doctor Benjamin Carson, es director de la unidad de neurocirugía pediátrica del hospital John Hopkins y autor del bestseller *¡Piensa en Grande!* (*Think Big!*).

Los Carson son la prueba de que la palabra escrita tiene el poder de transformar vidas. Si la familia Carson pudo leer y hacerse rica a pesar de las abrumadoras desventajas que enfrentaron, ¡piensa en lo que puede hacer una familia promedio!

Libros: ¡están justo frente a nosotros!

Cuando escucho historias como la de la familia Carson, recuerdo uno de los principios clave para triunfar de Peter Drucker: "ver lo obvio". Es tan obvio que las personas que son ávidas y constantes lectoras van adelante en la vida, y quienes no lo son... bueno, digamos que los lectores mínimos ganan salarios mínimos ¡o peor!

Estadísticas del Instituto Nacional de Alfabetización demuestran lo siguiente:

- El 75 % de los adultos desempleados tienen dificultades para leer y escribir
- El 43% de los adultos con bajo nivel de alfabetización viven en la pobreza (comparados con el 5% de aquellos con alto nivel de alfabetización)
- El 22% de los estadounidenses adultos (cuarenta millones de personas) leen y escriben como alumnos de quinto grado o de niveles inferiores
- El 70% de los presos se agrupan en los dos niveles más bajos de alfabetización

Estas estadísticas son un poco desalentadoras y confirman lo obvio: ¡En la "era de la información", las personas que no puedan leer (o que no lo hagan) serán pobres, mientras los lectores nos haremos ricos!

Analfabetismo autoimpuesto

Estoy preocupado por el problema del "analfabetismo funcional" en el mundo, tanto así que parte de las ganancias por la venta de este libro se donarán para la lucha contra el analfabetismo.

Pero me preocupan más los "analfabetos autoimpuestos", es decir, las personas que pueden leer muy bien pero que, por cualquier motivo, eligen no leer, o personas que pierden tiempo leyendo basura, como revistas de chismes y publicaciones sensacionalistas. Tal como observó Mark Twain, "la persona que puede leer, pero no lo hace, no está en mejores condiciones que la persona que no sabe leer".

> *No puedo vivir sin libros.*
> –Thomas Jefferson

Sinceramente, creo que Mark Twain es demasiado benévolo. Creo que la persona que sabe leer, pero no lo hace, está en peores condiciones que la que no sabe leer, porque está dando por sentado un don que es especial.

Elegir mantenerse como un analfabeto autoimpuesto sería como recibir un billete de lotería ganador y ser demasiado perezoso para ir a cobrarlo. Si te pareces a mí, ¡te harías el tiempo para ir al banco! Lo mismo se aplica al mejoramiento personal, debe hacerse tiempo para leer.

Como ustedes saben, hasta no hace mucho tiempo en la historia de los Estados Unidos, la mayoría de las personas adultas era analfabeta. Desde 1776 hasta 1900, la mayoría de los estadounidenses vivía en granjas o pequeñas ciudades, y una espalda fuerte era mucho más útil y valorada que una educación importante cuando llegaba el momento de preparar la tierra y cultivarla.

Siguiendo el viejo dicho "si hay voluntad, hay una manera". Unos pocos pioneros decididos como Abraham Lincoln y esclavos ingeniosos como Frederick Douglass superaron dificultades que parecían infranqueables para aprender a leer. La lectura no solamente cambió sus vidas, ¡cambió el curso de la historia!

Los libros y la formación de un presidente

Abraham Lincoln nació en una cabaña de una sola habitación en la zona rural de Kentucky y su educación formal sumó menos de un año. Su madre sabía leer, pero nunca había aprendido a escribir y su padre sabía escribir su nombre y no mucho más.

Pero Lincoln estaba fascinado con los libros. Aprendió el abecedario a los siete años, mientras asistía al colegio un par de veces por semana y practicaba escritura en tablas hechas a mano, usando a modo de "lápiz" la punta quemada de un palo. Por la noche, le leía en voz alta la *Biblia* a su madre, y leía y releía las *Fábulas de Esopo* tantas veces, que memorizó muchas de esas historias.

Durante su adolescencia, buscaba y pedía libros prestados a todos sus vecinos de ochenta kilómetros a la redonda; algunos de le los libros eran *La autobiografía de Benjamin Franklin*, *La vida de Washington* y *El progreso del peregrino*. Lincoln leía cada vez que podía. Mientras los otros jóvenes jugaban a la mancha en los cerros, el joven se sentaba bajo un árbol con un libro en la mano. Cuando llegaba el momento del almuerzo en su trabajo, él leía mientras los demás tomaban una siesta.

Su adorada madre murió cuando Lincoln tenía nueve años. Él y su hermana mayor se consolaban leyendo sus pasajes favoritos de la *Biblia*. Cuando su padre se casó nuevamente, la nueva esposa, Sarah Bush Lincoln, llevó a su nueva casa unos pocos muebles y tres libros: *El abecedario de Webster*; *Las aventuras de Robinson Crusoe* y *Las mil y una noches*. El joven Lincoln los leyó una y otra vez y se convirtió en tan buen redactor, que los vecinos le pagaban para que les escribiera cartas y testamentos sencillos.

La universidad de los golpes duros

Cuando Lincoln se independizó a los veintiún años, se instaló en New Salem, Illinois, un pueblo pionero con cien habitantes, ubicado en el límite de la frontera oeste. Fue una bendición, aunque no lo pareciera. New Salem ostentaba seis hombres con estudios universitarios, incluidos dos médicos que eran ávidos lectores, y compartían libremente sus bibliotecas con Lincoln.

Durante los siete años siguientes, Lincoln tuvo dos trabajos que le permitían largos períodos de lectura sin interrupciones: primero, como dependiente en un almacén de ramos generales y luego, como administrador de correos. Ocupaba el tiempo improductivo entre un cliente y otro leyendo sobre filosofía, ciencia, religión, literatura, derecho y política. De hecho, logró educarse a sí mismo leyendo, como si se hubiera recibido con honores en la universidad y, en 1837, Abraham Lincoln, de 28 años, recibió la certificación para ejercer como abogado en el estado de Illinois, ¡aunque su educación formal no había ido más allá del primer grado!

Según la opinión general, Abraham Lincoln era inteligente, pero estaba lejos de ser un genio. No leía velozmente, ni tenía memoria fotográfica. Era más metódico que brillante y a menudo escribía párrafos, palabra por palabra, para recordarlas y comprenderlas mejor.

Lo que le faltaba de intelecto lo compensaba con sentido común y determinación. A temprana edad, comprendió que la lectura era la mejor herramienta disponible para progresar en el mundo, y pasó de ser un montañés pobre y sin educación a ser uno de los hombres más grandes de la historia mediante el asombroso poder de la lectura.

La educación de un esclavo

Casi al mismo tiempo que el joven Lincoln aprendía su abecedario en una escuela rural, un esclavo de diez años llamado Frederick Douglass aprendía el suyo, escuchando a la esposa del dueño de la plantación leer historias a su pequeña hija. El dueño de la plantación se puso furioso al descubrir que uno de sus esclavos estaba aprendiendo a leer, y le exigió a su esposa que dejara de leerle a su hija cuando Douglass estuviera cerca, por miedo a que la lectura le inculcara ideas de libertad.

¡Cuánta razón tenía!

Los dueños de esclavos comprendieron plenamente el poder transformador de la lectura y tomaron medidas para que los negros no tuvieran poder, manteniéndolos analfabetos. Los estados del Sur aprobaron leyes conocidas como "los códigos negros" que prohibían la educación de esclavos. En Carolina del Sur, los ciudadanos blancos que enseñaran a leer a los negros podían recibir una condena de seis meses en prisión y una multa de $100 dólares. La ley estatal recomendaba diez azotes con un látigo de cuero como castigo para esclavos atrapados leyendo o intentando aprender a leer. El castigo recomendado para reincidentes era cortar el primer nudillo del dedo índice.

Douglas era consciente de los códigos negros, pero los desafió porque, a su vez, comprendía el poder de la palabra escrita. Una vez que la puerta a la lectura se abrió un poco, Douglass la forzó para abrirla totalmente. Practicaba el abecedario escribiendo con tiza en cercas y paredes. Pedía libros prestados a hijos de capataces y compañeros de juegos, y leía en todo momento libre que tenía. A los diecisiete años, se compró el libro *Columbian Orator*, una colección de discursos de oradores famosos relativos a la libertad. Douglass aprendió a escribir solo, copiando los discursos una y otra vez, y mientras tanto memorizaba pasajes largos y elocuentes que recitaría años después en reuniones abolicionistas.

De esclavo a luchador por la libertad

Creo que el libro sigue siendo el primer portador de ideas.

–George Will

A la edad de veintiún años, Douglass se disfrazó de marinero y huyó a Nueva York, donde frecuentemente era invitado a hablar en campañas de recaudación de fondos contra la esclavitud. Siguió completando los huecos de su educación mediante continuas lecturas sobre literatura, filosofía, religión y ciencia política.

Sin embargo, según la ley, Douglass aún era propiedad de su amo y, por miedo a ser secuestrado y devuelto a su dueño, huyó a

Inglaterra junto con su esposa. Dio conferencias en Inglaterra durante dos años, y así ganó suficiente dinero por sus charlas y por donaciones de simpatizantes abolicionistas como para regresar a Estados Unidos y comprar su libertad.

Douglass se convirtió en uno de los voceros líderes de la abolición de la esclavitud y de la promoción de los derechos de las mujeres, y durante varias décadas publicó *The North Star*, un periódico abolicionista, con el lema: "el derecho no tiene sexo, la verdad no tiene color, Dios es el Padre de todos nosotros y todos somos hermanos".

La historia está llena de relatos de hombres y mujeres de pasados humildes que se transformaron en líderes mundiales a través de la lectura. Las historias de Lincoln y Douglass son especialmente inspiradoras por las batallas que debieron enfrentar para aprender a leer. Pero afortunadamente, la mayoría de nosotros, personas promedio, no tenemos que hacer esfuerzos heroicos para aprender a leer. Simplemente tenemos que aprovechar mejor nuestra buena fortuna, en lugar de darla por sentada.

Veamos brevemente a otras personas famosas que usaron la lectura para maximizar todo su potencial y transformar sus vidas.

Harry S. Truman, 33º presidente de los Estados Unidos

Nadie hubiera predicho que Harry Truman se convertiría en uno de los presidentes más grandes de ese país. Nunca fue a la universidad, fracasó comercialmente, primero en el campo y luego como socio en un negocio de venta de ropa. Tenía más de cincuenta años cuando fue elegido para su primer cargo público.

Pero Truman era una fuente de conocimientos y tenía valores sólidos como una roca, forjados por años de lectura. Leyó la *Biblia* de punta a punta varias veces previo a cumplir catorce años. También leyó cada volumen de la *Enciclopedia Británica*, todas las novelas de Charles Dickens y Víctor Hugo, entre otros, así como obras y sonetos de William Shakespeare.

> *No todo lector es líder, pero todo líder debe ser lector.*
>
> –Harry Truman

Su amplia lectura de los clásicos y su conocimiento íntimo de la religión, lo equiparon para liderar a los Estados Unidos durante el final de la Segunda Guerra Mundial, e introducir al país en el próspero período de posguerra. Comprendió que la lectura era la piedra angular para un líder de primer nivel, y fue la lectura lo que lo preparó para tomar las decisiones difíciles que enfrentó, muchas de las cuales fueron polémicas e impopulares, como el despido del amado héroe de guerra, el General Douglas MacArthur, por insubordinación.

En sus palabras: "no todo lector es líder, pero todo líder debe ser lector".

W. Clement Stone, hombre de negocios

W. Clement Stone, fundador de una de las compañías de seguros más grandes del mundo, sostiene que su vida cambió para siempre en 1937 cuando un vendedor le entregó una copia del libro *Piense y hágase rico*.

"Cuando leí *Piense y hágase rico*", dice Stone, "su filosofía coincidía con la mía en tantos aspectos, que también yo desarrollé el hábito de ayudar a otros brindándoles libros inspiradores de autoayuda".

Stone atribuye a aquel libro el mérito de haber transformado su negocio al enseñarle el poder del principio de la mente directora: dos o más personas que unen sus talentos individuales para crear riqueza y resolver problemas.

"Yo sí pensé y me hice rico", dice Stone. "El principio de la mente directora me hizo comprender que podía emplear a otras personas para hacer gran parte del trabajo que estaba haciendo yo, así tendría más tiempo para realizar otras actividades".

La historia de Stone es prueba de que los libros son el mejor medio para que los mejores pensadores de la historia comuniquen sus observaciones al mundo. Según dice George Will, respetado columnista conservador de la revista *Newsweek*, "Creo que el libro sigue siendo el primer portador de ideas".

Peter Drucker, experto en gerenciamiento

A los 89 años, Peter Drucker es más activo que la mayoría de los jóvenes de veinticinco. Viaja por el mundo como consultor de presidentes de empresas incluidas en el ranking de la revista *Fortune*, tales como Sony, General Motors y General Electric. Está continuamente trabajando en algún nuevo libro (hasta la fecha ha publicado 29, la mayoría de los cuales han resultado de los primeros en ventas). Aún hoy se hace tiempo para leer entre tres y cinco horas diarias sobre gran variedad de temas, un hábito que cultivó en su juventud.

En nuestra economía del conocimiento, si no has aprendido cómo aprender, tendrás dificultades

–Peter Drucker

"Cada ciertos años, selecciono un nuevo tema importante y leo diariamente material referente al mismo durante tres años", dice Drucker con franqueza. "No es suficiente para convertirme en experto, pero es suficiente para comprender de qué se trata el tema. Hace casi sesenta años que hago esto".

Si hacemos una cuenta rápida, nos damos cuenta de que Drucker se ha informado en veinte temas diferentes, desde economía y literatura inglesa hasta historia de la China antigua. Drucker es la síntesis del "trabajador del conocimiento", término acuñado por él para describir el recurso más valorado de la nueva economía: el capital intelectual.

"Su conocimiento y su experiencia son su nueva riqueza", explica Drucker. "Le pertenecen a usted, no a su empresa. Si se va de una compañía, se lleva su riqueza con usted".

"En nuestra economía del conocimiento", continua Drucker, "si no has aprendido cómo aprender, tendrás dificultades. Aprender cómo aprender se trata en parte de curiosidad. Pero también es disciplina". Drucker es la prueba viviente de que la disciplina de la lectura será bien recompensada en la llamada "era de la información".

Matthew McConaughey, actor

La historia de cómo un libro transformó la vida de Matthew McConaughey, el joven actor de Hollywood que tuvo el papel principal en la película basada en la famosa novela de John Grisham, *Tiempo de matar* (*A Time to Kill*), me resulta especialmente atractiva porque se trata del mismo libro que cambió mi vida: *El vendedor más grande del mundo*.

"Me inscribí en la Universidad de Texas con la idea de estudiar derecho", comenta McConaughey, "pero no me conformaba la idea. Leí los primeros dos capítulos de *El vendedor más grande del mundo* y en ese mismo momento supe que quería estudiar cine. Cambié de carrera al día siguiente".

Mientras estudiaba en la universidad, McConaughey obtuvo un papel en una película de bajo presupuesto, *Dazed and Confused* (*Deslumbrado y confundido*). McConaughey trabajó tan bien durante la filmación, que el director amplió su participación escribiendo nuevas escenas más largas para su personaje. El resultado fue una actuación descollante que atrajo la atención de Hollywood. A los pocos meses de mudarse a Los Ángeles, había logrado papeles importantes en películas de elevado presupuesto, como *Tiempo de matar* y la película de Spielberg, *Amistad*.

Seguramente, Matthew McConaughey tiene talento y es atractivo, pero se puede decir lo mismo de miles de estudiantes universitarios que han soñado con la idea de convenirse en actores. La diferencia es que McConaughey hizo algo para lograrlo. Leer un libro no aumentó significativamente su nivel de conocimientos, como fue el caso de las otras personas mencionadas en este capítulo. Pero leer un libro (un único libro) sí au-

"Leer, como ningún otro medio, puede transformar tu vida en un instante y nunca se sabe qué libro... en qué momento de tu vida... puede ser el que sacuda tu mundo y te inspire a crecer de maneras que nunca antes imaginaste posibles.

–Burke Hedges

mentó su conocimiento acerca de sí mismo. Leer *El vendedor más grande del mundo* transformó a Matthew McConaughey al hacerlo consciente de su verdadera pasión y lo ayudó a comprender que enriquecerse significa hacer crecer los talentos dados por Dios, y no solamente la cuenta bancaria.

Nunca se sabe qué libro cambiará tu vida

Al igual que Matthew McConaughey, he tenido la suerte de hacer crecer tanto mis talentos como mi cuenta bancaria a lo largo de los años. Además, como en su caso, un libro fue el catalizador que encendió mi decisión de hacer cambios en mi vida.

Eso es lo bello de leer: tiene el poder de hacer transformaciones inmediatas en tu vida a través de descubrimientos brillantes. Y tiene el poder de hacer transformaciones graduales por medio de conocimiento acumulado. De cualquier manera, leer expandirá tu universo y te hará crecer de maneras impredecibles.

Leer es tan poderoso, que un solo libro o inclusive una sola oración, puede cambiar tu vida, como lo hizo *El vendedor más grande del mundo* con Matthew McConaughey y conmigo. Dudo que McConaughey haya tomado el libro con la idea de leer dos capítulos y cambiar de profesión al día siguiente. Sé que yo no abordé el libro de esa manera.

Una vez más digo que la palabra escrita es tan poderosa que tiene la posibilidad de hacerte detener de golpe y cambiar la dirección de tu vida. Leer, como ningún otro medio, puede transformar tu vida en un instante y nunca se sabe qué libro... en qué momento de tu vida... puede ser el que sacuda tu mundo y te inspire a crecer de maneras que nunca antes imaginaste posibles. ¡Sorprendente!

CAPÍTULO 3

"Margen estrecho", leer quince minutos al día puede cambiar tu vida

Toma la determinación de acercarte todos los días un poco a la lectura, aunque sea tan sólo una oración. Si aprovechas quince minutos al día, hacia fin del año, eso se hará sentir.

–Horace Mann, educador estadounidense

El programa de juegos *La rueda de la fortuna*, conducido por Pat Sajak, es uno de los más vistos en todo el mundo. Se transmite en 51 países y llega a cien millones de espectadores por semana.

Sajak ha sido el conductor de *La rueda de la fortuna*[1] desde hace veinte años, así que se puede decir que es un experto en el juego.

---

[1] *En el programa concursan 3 participantes que deben formar una frase con letras escogidas al azar de una ruleta a la cual deben hacer girar (cada letra tiene un valor en dólares). Si la letra está en la frase, el concursante gana los dólares que vale la letra, los cuales pueden ser usados para adquirir vocales (ya que estas no se sortean en la ruleta). (Nota de la traductora).*

Cuando un conductor le preguntó a Sajak la clave para ganar mucho dinero en el programa, hizo esta observación:

"Nunca le dije esto a nadie. En el juego, hay personas que van ganando mucho dinero, pero no tienen muchas letras en el tablero... no conocen el acertijo y hay muchos espacios en blanco... hacen girar la ruleta y piden letras al azar en lugar de comprar una vocal. He visto que mucha gente perdió el juego sin haber comprado una sola vocal".

Leer es tu vocal

> *No se trata del trabajo más intelectual del mundo, pero al menos tengo que conocer las letras.*
>
> –Vanna White

He visto el programa lo suficiente como para saber de qué habla Sajak. En ocasiones, hay muchas letras en el tablero y muchos espacios en blanco. Entonces uno de los concursantes compra una vocal y Vanna White (colaboradora de Sajak) comienza a trabajar… flip... flip... flip... Rápidamente puedo armar una o dos palabras. En pocos instantes, el concursante ha completado tantas letras que hasta nuestro perro puede resolver el acertijo. La clave para resolver el acertijo puede buscarse en el margen estrecho que el concursante obtiene al haber comprado una vocal.

Creo que sucede lo mismo en el juego de la vida. La gente mira sus vidas y ve un gran acertijo con enormes espacios en blanco. ¿Qué hace entonces la mayoría? Comienzan a hacer girar su rueda de la fortuna y piden letras al azar. "Probemos esta... no, mejor esta... compremos esa...".

¡UN MOMENTO! Es hora de que dejen de pedir letras al azar, muchachos. Es hora de que superen ese margen estrecho en su vida comprando una vocal... y una de las vocales del juego de la vida es leer. En síntesis, leer es el margen estrecho requerido para ayudarte a resolver los acertijos de tu vida.

Ahora, cuando hablo de un "margen estrecho", no me refiero a un margen importante, como ganar la lotería o heredar un millón de dólares. No me refiero a un margen de castillos en el aire. Cuando hablo de un "margen estrecho", me refiero a una estrategia pequeña que se puede usar una y otra vez para lograr una gran ventaja en el juego de la vida. Si me permiten, les doy algunas estadísticas para comprobar mi afirmación:

- **Estadística 1.** En algún determinado momento, un tercio de los estadounidenses vive en la pobreza.
- **Estadística 2.** El 37% de los estadounidenses nunca vuelve a leer un libro después de la secundaria.

Pensemos en estas estadísticas por un momento. Los Estados Unidos representan la mayor acumulación de riqueza en la historia del mundo —y uno de cada tres de nosotros vive en la pobreza. ¡Eso es una desgracia nacional! Más de un tercio de nosotros no aprovecha las ventajas del avance tecnológico más poderoso de la historia: la lectura.

Veamos, un tercio en pobreza y un tercio que no lee. ¿Coincidencia? ¡No creo!

De acuerdo con el Centro Nacional de Alfabetización Familiar, cuarenta millones de adultos no poseen la capacidad necesaria para completar un formulario sencillo. Y cincuenta millones no están preparados para los trabajos de alta tecnología del futuro. Esto significa un total de noventa millones de adultos en una población de 275 millones de personas que no saben o no pueden usar la lectura como el margen estrecho necesario para mejorar sus vidas. Eso significa que casi un tercio de la población "pide letras al azar en lugar de comprar una vocal" en el juego de la vida. Sin la lectura, se posicionan para perder el juego.

Leer puede ser un margen estrecho, ¡pero puede generar dividendos tan grandes! Es una pena que millones de personas educadas carezcan de la sabiduría y la disciplina para hacerse ricos leyendo quince minutos o más por día.

A buscar la información

Harvey Mackay, autor del exitoso libro *Nadar entre tiburones sin que lo coman vivo* (*Swim with the Sharks without Getting Eaten Alive*), tiene para decir lo siguiente acerca del poder de la lectura:

"Nuestras vidas cambian de dos maneras: a través de las personas que conocemos y los libros que leemos".

Si no conoces a nuevas personas y no lees nuevos libros, ¿adivina qué sucede?: no cambias. Y si no cambias, no creces. Es así de simple.

Miren, me doy cuenta de que no toda persona feliz y económicamente libre es un lector... y no todo lector es feliz y económicamente libre. No hace falta decirlo. Lo que digo es que te des ese margen estrecho para ser mejor hoy de lo que eras ayer. ¡Hablo de darte la oportunidad de ganar el juego de la vida comprando una vocal! ¡Hablo de leer y enriquecerte en todas las áreas de tu vida!

En la Era de la información, tener libros en tu casa y no leerlos sería como estar en la Era agraria, tener semillas en la mano y no plantarlas. Según Denis Waitley, "el futuro pertenece a aquellos que aprenden lo que necesitan aprender para hacer lo que necesitan hacer". En una era en la que los "trabajadores del conocimiento" superan ampliamente a los obreros, mejor que estés preparado para obtener el conocimiento... ¡y obtenerlo AHORA!

Algunos beneficios de la lectura que se pasan por alto

Hace unos días estaba hablando con un editor sobre ese estrecho margen que da la lectura, y le pregunté a quemarropa: "¿Qué tiene la lectura que la distingue de cualquier otra manera de obtener información?".

Pensó un instante hasta que finalmente me dio una respuesta simple, pero profunda, que inmediatamente aclara por qué la lectura sigue siendo el medio más poderoso para obtener información que se haya inventado.

"Mientras lees, puedes explorar el texto y registrarlo", dijo suavemente. "!Eso es!", pensé. "Por eso la lectura nunca será reemplazada por la televisión… o las películas... o la conversación... o cualquier otra cosa que los humanos puedan inventar. ¡Mientras lees, puedes explorar el texto y registrarlo! Qué ventaja sorprendente cuando se busca información específica en un tiempo limitado. ¡Se puede explorar y registrar!

¿Alguna vez intentaron explorar un video o una grabación de sonido? Es una verdadera molestia. Cada vez que adelanto, siempre termino perdiendo la parte que busco. Pero es tan fácil explorar mientras se lee un libro. Es más difícil explorar con las pantallas de la computadora que en un libro, porque en la computadora hay que rastrear el texto; sin embargo, los programadores son conscientes del problema y están diseñando mejores sistemas de rastreo en los textos.

Toma notas mientras lees

Otra ventaja de la lectura es que se puede resaltar partes clave y escribir notas en los márgenes (¡intenten hacer eso en un casete!) El socio de Abraham Lincoln, Billy Herndon, destacaba que Lincoln era excelente en resaltar textos y escribir notas en los márgenes de los libros. Cuando Lincoln estaba especialmente empeñado en recordar partes de un libro o documento, subrayaba páginas enteras y las reescribía a mano.

Este método puede haberle tomado mucho tiempo, pero pocos podrían objetar los resultados. Como abogado en Springfield, Illinois, Lincoln representó cientos de casos ante la Corte Suprema de Illinois: los jueces y los abogados de la otra parte siempre se sorprendían por el profundo conocimiento del caso en cuestión y por cómo ilustraba con autoridad a partir de ejemplos extraídos de historias que había leído en la *Biblia* o en la mitología griega.

Investigación y costo

¿Puedes recordar la última vez que investigaste algún tema? Quizás necesitabas información sobre un auto nuevo que estabas pensando en comprar. O quizás estabas planificando unas vacaciones largamente retrasadas. Hace unos pocos años, tal vez ibas a la biblioteca o a una librería para obtener ayuda. También es la manera en que yo hacía mis investigaciones. Luego, alguien me mostró cómo acceder a Internet. ¡GUAU! ¡De repente tenía la Era de la información al alcance de la mano!

En la actualidad, uso la Internet como mi principal herramienta de investigación. Por ejemplo, si quiero saber cuánto cuesta un nuevo Mercedes Benz, escribo la palabra "Mercedes" en un buscador y... ¡listo! En segundos tengo miles de sitios Web a mi disposición, informándome desde concesionarios... hasta financiación... hasta partes usadas... hasta remates. Con Internet, no tengo que ir a la biblioteca a investigar, ¡la biblioteca viene a mí!

Lo más sorprendente es que la Internet todavía está en su etapa infantil. Un experto predice que en el año 2003 habrá más de diez millones de sitios Web. ¡Supongo que eso es la Era de la información!

Hace apenas diez años, la World Wide Web estaba a disposición de unas pocas personas clave en el ejército. Los ciudadanos comunes no tenían acceso a la red a ningún costo. Pero hoy, casi todo aquel que tenga una computadora y una línea telefónica puede tener acceso instantáneo a Internet por unos pocos dólares por día (y el costo sigue bajando y bajando).

En una época, en los Estados Unidos se podía disculpar a las personas por ser analfabetas. O por ser ignorantes. Esa época terminó hace mucho. Si alguien realmente quiere adquirir conocimiento e información, lo puede lograr con un pequeño esfuerzo. Las personas que no pueden tener acceso a Internet desde su hogar siguen teniendo acceso a miles de bibliotecas en todo el país ¡y son gratuitas!

Las ventas suben, pero la lectura baja

Hoy en día, el mundo editorial es un buen negocio, eso es seguro. Se publican sesenta mil nuevos títulos por año y, en la última década, las ventas han crecido entre 5 y 6% por año.

Esa es la buena noticia. ¡La mala noticia es que el 50% de los libros que se venden en Estados Unidos nunca son leídos! Es sorprendente, ¿verdad?... la gente compra libros con la intención de leer y crecer, pero la mitad no persiste hasta leerlos. Eso es como anotarse en un gimnasio, pero no ir nunca. No recibimos el beneficio cuando compramos un producto. ¡Recibimos el beneficio cuando usamos el producto! ¿En qué piensa esa gente entonces?

La verdad es que cada persona alfabetizada del mundo podría aprovechar el margen estrecho de la lectura si tuviese un poco de iniciativa. Tener a disposición libros e información no es suficiente. Para hacerse rico, debemos LEER la información y luego aplicarla en nuestras vidas.

> *El futuro pertenece a aquellos que aprenden lo que necesitan aprender para hacer lo que necesitan hacer.*
>
> —Denis Waitley

Culto a cargueros en el Pacífico Sur

El fenómeno de comprar libros y no leerlos me recuerda un "culto a los cargueros" de los nativos que siguen existiendo en islas remotas del Pacífico Sur. Algunas de estas islas están habitadas por culturas de tradición oral que tienen un contacto limitado con el mundo exterior. Hasta la Segunda Guerra Mundial, la mayoría de estas islas no habían sido exploradas por gente de los países industrializados. Incluso hoy en día los nativos siguen aislados del mundo exterior, de no ser por visitas ocasionales de barcos extranjeros o de voluntarios de emergencias de la Cruz Roja.

Durante estas raras visitas de los extranjeros, los isleños presenciarían un fenómeno mágico: si los visitantes escribían símbolos en un papel blanco y se lo entregaban a otro, significaba que los nativos pronto iban a recibir bendiciones maravillosas desde el cielo. "Aves" gigantes arrojarían comida y provisiones desde el cielo. "Botes" gigantes traerían cajas de zapatos, ropa, frazadas, y tiendas.

Los poco sofisticados isleños suponían erróneamente que los papeles comerciales (propuestas, órdenes de compra, facturas y similares) eran la causa de su buena fortuna y el efecto era el envío de provisiones. Los nativos razonaban que, si realizaban las mismas acciones que los extranjeros, lograrían los mismos resultados. De manera que, a lo largo de los años, desarrollaron complicadas ceremonias en las que garabateaban cosas sin sentido en un papel y se lo pasaban a otros participantes del ritual, creyendo equivocadamente que sus actos harían aparecer mágicamente más cargas.

Quienes pertenezcan a culturas alfabetizadas tal vez sonrían por la inocencia de los isleños del Pacífico Sur, pero muchos estadounidenses hacen lo mismo cuando compran libros que nunca leen. Comprar libros no es la causa de que mágicamente las personas se enriquezcan, así como garabatear un papel no es la causa de que caigan provisiones del cielo mágicamente.

Lo cierto es que comprar libros solamente te empobrece: ¡Leer libros es lo que enriquece!

No tengo tiempo para leer

Ya sé que la gente compra libros con la mejor intención. Tienen la sincera predisposición de leerlos cuando los abonan en la caja. Pero admitamos que hoy en día las personas están más ocupadas que nunca. Surgen cosas. Así es la vida. Y antes de que se den cuenta, es hora de ir a dormir y están cansados.

No hay tiempo para leer.

Bueno, ¿y si el gobierno aprobara una ley que otorgara un millón de dólares a cada estadounidense que leyera quince minutos por día sin falta durante un año? ¿No crees que la mayoría de la gente de repente se tomaría tiempo para leer? ¡Claro que sí! Por el dinero, reordenarían sus prioridades para incluir la lectura, ¿no es cierto?

Ahora, fíjense que dije que se tomarían más tiempo (no que se harían más tiempo) del que tenían antes. A todos nos han dado días de 24 horas. Ni más, ni menos. Por eso en realidad no podemos hacernos más tiempo. Pero si la gente recibiera dinero en efectivo por leer, reordenarían sus horarios y se tomarían tiempo para leer, ¡les aseguro!

Leer 15 minutos por día = ¡una docena de libros por año!

Bien, ¡basta de soñar! El gobierno no te va a hacer económicamente rico al pagarte por leer. Pero definitivamente, puedes enriquecer tu vida leyendo quince minutos por día. De hecho, puedes leer un libro por mes (o sea doce libros por año) si lees sólo quince minutos por día. Este es el método: Un egresado secundario promedio lee 250 palabras por minuto. Pero todos nos detenemos a releer una oración de vez en cuando... o hacemos una pausa para pensar en una nueva idea. Por lo tanto, es justo decir que el promedio de lectura para los adultos es doscientas palabras por minuto.

Esta página tiene más o menos cuatrocientas palabras, lo que significa que el lector promedio puede leer esta página fácilmente en dos minutos. Con esa frecuencia, puede leer siete páginas como ésta en quince minutos.

Este libro tiene cerca de 165 páginas, introducción y conclusión incluidas. Entonces, leyendo quince minutos por día (o sea, siete páginas) todos los días, podrías leer este libro en veintitrés días, ¿verdad? Puede llevarte más de un mes leer libros más largos, pero, en general, si lees quince minutos por día, podrás terminar un libro en un mes.

A fin del año, habrás leído al menos doce libros, ¿correcto? ¡Al cabo de diez años, serán 120 libros! Piensa, dedicando quince minutos al día, podrías leer 120 libros que te enriquecerían en todas las áreas de tu vida. Duplicando a media hora el tiempo diario de lectura, podrías leer 25 libros por año —¡es decir, 250 libros en 10 años! ¿En qué otro lado logras esa recompensa en menos tiempo del que se necesita para lavar los platos?

Por eso, no soy compasivo con las personas que dicen que no tienen tiempo para leer y enriquecerse. Eso es un disparate. Tienen el tiempo. Es sólo que eligen dedicarlo a hacer algo que valoran más que la lectura. Tal como dije antes, el estrecho margen puede generar ENORMES dividendos... pero solamente si invertimos tiempo y disciplina para leer todos y cada uno de los días.

Piensa excusas PARA leer

¿Y tú? ¿Busca excusas y te justificas por conformarte con menos de lo que mereces, como hacía yo antes de leer *El vendedor más grande del mundo*? ¿Estás demasiado cansado? ¿demasiado ocupado? ¿demasiado agotado?

Bueno, en lugar de buscar excusas para NO leer, ¿por qué no buscas excusas PARA leer? ¿Por qué no te dices que mereces enriquecerte en todas las áreas de tu vida? ¿Por qué no te dices que no hay mejor momento que el presente?

¡Recuérdate a ti mismo que quince minutos por día es nada más que el 1% del total del día, y que el 1% de tu tiempo es una inversión muy pequeña comparada con una retribución INMENSA!

Di para ti mismo que usarás el estrecho margen de la lectura para recibir grandes dividendos en tu vida.

Di que debes abrir uno de esos libros que compraste hace mucho, pero que todavía no empezaste a leer... y luego di que debes leer quince minutos.

Cada día, luego de cerrar el libro, di que eres mucho más rico por haber leído.

Ah... y, además, di que no vas a perder el juego de la vida porque no te detuviste a comprar una vocal.

Di que eres muy inteligente como para hacer eso. Porque así es.

CAPÍTULO 4

Cómo leer un libro

Existe una gran diferencia entre el hombre entusiasta que quiere leer un libro y el hombre cansado que quiere un libro para leer.

—G.K. Chesterton

¿Qué les parece esta ironía? ¡leyeron tres capítulos de este libro y ahora se encuentran con un capítulo que les dice cómo leer un libro!

"!Eh! ¿Qué se cree el autor que estuve haciendo, tejiendo?".

Supongo que este capítulo se debería haber llamado "Cómo leer un libro eficazmente", porque existe una gran diferencia entre leer un libro y comprender el mensaje de este. Eso es lo que les enseñará este capítulo, cómo leer un libro no sólo para obtener la información, sino además para comprender mejor el mensaje.

Leer es como jugar golf

La mejor manera de explicar lo que quiero decir con lectura eficaz es comparar la lectura con otra de mis pasiones, el golf. Soy el primero en admitir que el golf es un deporte fácil de amar, pero difícil de dominar. Soy socio de tres clubes y puedo asegurar que puedo contar con una mano los jugadores de golf que logran consistentemente hacer un par.

> *Leer sólo provee a la mente de materiales de conocimiento; es el pensar lo que convierte en propio aquello que leemos.*
>
> —John Locke

Algo que comparten los mejores jugadores es que se toman el tiempo para aprender los principios, y luego los practican una y otra vez. Yo siempre digo: "La práctica no hace a la perfección. Solamente la práctica perfecta hace a la perfección". Por eso existen muchos más amateurs que golfistas profesionales que juegan desde un principio como corresponde. Los amateurs nunca se toman el tiempo para aprender los fundamentos, por eso cuando practican fortalecen sus malos hábitos.

Me sorprende la cantidad de personas que se jactan de nunca haber recibido lecciones. "Soy autodidacta", dicen. Luego salen a jugar y hacen pasear la pelota por todo el campo; mientras tanto se quejan de que "hoy simplemente no es mi día". No, y mañana tampoco lo será, mientras no incorporen los fundamentos.

Lo que quiero decir es que el 99% de los golfistas podría mejorar muchísimo su juego tomando de seis a diez clases con un profesional, y luego practicar religiosamente lo que aprendieron. Si cada amateur tuviera la sabiduría de primero aprender y practicar cómo jugar golf eficazmente, lograrían resultados mucho mejores, ¿no les parece?

Se puede decir lo mismo acerca de leer un libro. Las investigaciones demuestran que quienes tienen la inteligencia de aprender a leer un libro eficazmente logran resultados mucho mejores; es decir, comprenden mejor el material y lo recuerdan por más tiempo.

Sistema de lectura en tres pasos

Antes de comenzar, permítanme presentar una analogía que explicará mejor los roles del escritor y el lector. La primera vez que encontré esta analogía fue en el clásico *Cómo Leer un Libro* (*How to Read a Book*), de Mortimer Adler y Charles Van Doren, publicado por primera vez en 1940.

Hice un curso de lectura rápida y pude leer La Guerra y la Paz *en veinte minutos. Se trata de Rusia.*

—Woody Allen

Piensa que, en un partido de béisbol, el escritor es el lanzador y el lector el receptor. La tarea del receptor implica tanta actividad como la del lanzador, aunque son muy diferentes. A medida que el receptor se hace más activo y más experto, mejora su capacidad para atajar toda clase de tiros, rápidos... con efecto... suaves ... muy veloces... los que caen afuera... o incluso los tiros violentos. Según Adler y Van Doren, "de igual manera, el arte de leer es la capacidad para recibir toda clase de comunicación de la mejor manera posible".

A continuación, se presentan tres pasos garantizados para ayudarte a mejorar tu capacidad como "receptor de mensajes escritos". Al seguir estos pasos, aumentará la profundidad de tu comprensión cuando lees, y así te convertirás en un lector más eficaz. Los tres pasos son los siguientes:

1. Prelee el libro
2. Lee activamente y toma notas
3. Revisa tus notas

En las próximas páginas analizaremos brevemente cada paso.

Paso 1. prelectura del libro

Permíteme hacerte una pregunta. Si estuvieras por comprar una casa, ¿la comprarías solamente viendo las fotografías, aunque te encantara lo que ves? Quiero suponer que no.

Antes de comprometerte a comprar una casa, seguramente querrías visitar el vecindario. Recorrer la casa por dentro y por fuera. Medir los cuartos y espiar en los armarios. Conocer las escuelas locales. Ir hasta el centro comercial más cercano. Hablar con los vecinos. Comparar el precio de la casa con el de otras parecidas en los alrededores. Saber cuánto tardarías en llegar al trabajo. Cosas por el estilo.

En otras palabras, si te gustara lo que viste en las fotografías, querrías ver cómo encaja la casa en el cuadro general, ¿verdad? Bueno, lo mismo pasa con la lectura de un libro. Antes de adentrarte en la lectura, necesitas unos minutos para analizar el "cuadro general" del libro. Esto es lo que se conoce como "prelectura" de un libro.

Cualquiera que pueda leer, puede aprender a leer con detenimiento y así vivir con mayor plenitud.

–Norman Cousins

Aquí van algunos consejos para ayudarte a tener una idea general acerca de un nuevo libro. Lo primero que necesitas hacer es leer la tapa y la contratapa. Lee los testimonios o el resumen de la contratapa. Lee la biografía del autor para comprender cómo se relacionan sus antecedentes con el tema a tratar.

Abre las páginas preliminares del libro y hojéalas. ¿El autor escribió otros libros sobre el tema? ¿A quién está dedicado el libro? ¿Algún agradecimiento especial? Lee el prólogo, prefacio e introducción. Muchos lectores se saltan estas secciones porque piensan que son una pérdida de tiempo. Sin embargo, estas pueden brindarte un valioso conocimiento sobre los principales aspectos del libro.

Tómate unos minutos para hojear el índice. Esta hoja de contenidos te brindará un panorama del libro y te permitirá observar cómo el autor ha decidido desarrollar sus argumentos. En una oportunidad, el gran escritor estadounidense Ernest Hemingway señaló que la buena escritura es arquitectura y no diseño interior. Por eso, analiza la arquitectura de un libro antes de comenzar a leerlo. Luego de revisar la guía de contenidos, ve al principio de cada capítulo, lee sus títulos y examina rápidamente el primer párrafo. Si el capítulo tiene subtítulos o encabezamientos, hojea los capítulos y léelos. Esto te brindará una reseña de cada capítulo.

La prelectura puede hacer la diferencia

Ahora bien, todo este proceso de "prelectura" puede parecer algo innecesario, dado que vas a leer el libro de todas maneras. Pero la lectura previa puede ser la diferencia entre comprender el mensaje del autor y no entender absolutamente nada. A continuación, presentaré una historia verídica que sirve para demostrar la importancia fundamental de la lectura previa:

El famoso psicólogo B. F. Skinner era un exponente líder del conductismo, una escuela de psicología que se basa en la creencia de que el libre albedrío es una ilusión, ya que todo el comportamiento humano se puede predecir por refuerzo positivo o negativo. Cuando Skinner conoció a George Bernard Shaw, el gran dramaturgo y crítico social irlandés, el psicólogo le agradeció por haber escrito el libro que había cambiado su vida.

"Su libro inspiró mi carrera", dijo Skinner, efusivo. "Me convenció de una vez y para siempre de la profunda verdad detrás del conductismo".

"¡Debe estar bromeando!", respondió Shaw, sorprendido. "¡Pensé que mi libro destruía el argumento del conductismo de una vez y para siempre!".

A medida que los dos hombres conversaban, quedó en claro por qué Skinner había recibido un mensaje diferente del libro de Shaw. Shaw había dejado para el último capítulo el argumento contra el conductismo, pero Skinner no había finalizado la lectura del libro. ¡Como no había leído el último capítulo, había interpretado mal el mensaje principal del libro!

Si Skinner hubiera hecho prelectura del libro, se hubiera dado cuenta de que, intencionalmente, Shaw había construido un caso de conductismo en los primeros capítulos para destruirlo en el último. Pero su lectura incompleta le dio una perspectiva completamente distinta y lo influenció de una manera que el autor nunca pretendió.

Hacer prelectura puede significar diez minutos más en la lectura de un libro, pero es tiempo bien aprovechado, porque puede aumentar de manera significativa tu entendimiento y comprensión.

Paso 2. Lee activamente

> *El arte de leer es la capacidad de captar todo tipo de comunicación de la mejor manera posible.*
>
> –Mortimer Adler y Charles Van Doren

¿Recuerdas nuestra definición de lectura presentada en un capítulo anterior? Leer es pensamiento guiado visualmente. Ten en mente esa definición mientras tratamos el Paso 2: lee activamente, porque lectura activa y "pensamiento guiado visualmente", son en realidad la misma y única cosa.

La lectura activa no es más que el proceso mental de hacer y responder preguntas para reunir información y aumentar nuestra comprensión. Es lógico que los lectores que hacen más y mejores preguntas (es decir, preguntas más profundas e incisivas) se verán recompensados con una experiencia de lectura más enriquecedora. En otras palabras, cuanto más activos seamos como lectores, más enriquecedora será nuestra recompensa.

Haz preguntas fuertes ¡y haz muchas!

Para leer y hacernos ricos, debemos comenzar por hacer más preguntas que deberán ser más y más incisivas. De eso se trata la expresión "leer entre líneas". Cuando leemos entre líneas, no tomamos la información por su valor nominal. Miramos en profundidad. Pensamos más intensamente. Hacemos preguntas más comprometidas. significado, aumentar nuestra comprensión del texto del texto y, al hacer eso, aumentamos nuestra comprensión de nosotros y del mundo.

Para explicar mejor la diferencia entre leer superficialmente para informarse y leer activamente para comprender, analicemos *Alicia en el país de las maravillas*, de Lewis Carroll. Cuando los niños leen este libro, leen principalmente buscando información, y encuentran el argumento y los extraños personajes, encantadores y entretenidos.

Pero la clásica historia infantil de Carroll se puede leer a niveles mucho más profundos, como lo demuestra el hecho de que

Alicia en el país de las maravillas es el tercer libro más citado en idioma inglés, después de la *Biblia* y de las obras y sonetos de Shakespeare. Cuando los adultos leen *Alicia en el país de las maravillas* para comprenderla, se enfrentan a un importante trabajo literario con muchos niveles de significado.

Francis Bacon escribió que "algunos libros son para disfrutarlos... otros para ser tragados... y unos pocos, para ser masticados y digeridos". Cuando leemos para comprender, masticamos y digerimos el texto.

La buena escritura es arquitectura, no diseño interior.

—Ernest Hemingway

Toma notas

Hacer preguntas al leer y responderlas es la principal manera en la que los lectores hacen propio un libro.

Utilizo el concepto de propiedad de un libro en forma literal, por eso prefiero comprarlos en lugar de retirarlos de la biblioteca. Cuando leo, me gusta tener cerca un resaltador y una lapicera, y marco párrafos clave y escribo notas al margen mientras avanzo.

En el transcurso de los años, he desarrollado mi propio sistema de tomar notas mientras leo. Subrayo o encierro en un círculo los conceptos clave. Dibujo estrellas grandes al lado de los párrafos importantes. Resalto citas que puedo usar en libros o discursos futuros. Y escribo los números de las páginas con temas clave en la parte interior de la contratapa para referencia futura.

A medida que tomes notas en tus propios libros, desarrollarás tu propio sistema. Además de ayudarte a interiorizar el material, con la toma de notas, te será mucho más fácil encontrar párrafos importantes en el futuro.

Paso N°3. Repasa tus notas

La etapa final del sistema de lectura en tres pasos para aumentar la comprensión es la etapa de revisión. Luego de haber completado el libro, felicítate por haber finalizado la tarea y luego deja el libro de lado. Más o menos una semana después, vuelve a tomar el libro y repásalo durante diez minutos. Aquí es donde resulta útil la toma de notas. Mientras hojeas el libro, vuelve a leer tus notas y el material resaltado. Tómate unos momentos para pensar en las preguntas y comentarios que escribiste. Cuando efectúes tu revisión, te sorprenderás de lo fresco y nuevo que te parecerá el material, aunque hayas terminado de leer el libro unos pocos días antes. También te sorprenderá descubrir que tus comentarios están bien desarrollados, y que hiciste un buen trabajo resaltando la mayoría de los temas, estadísticas y argumentos clave.

La mejor manera de explicar el valor del repaso es mediante el cuento de la niña y la sandía.

Una niña visitó una finca y quiso comprar una sandía grande.

"Esa grande que tienes en la mano cuesta tres dólares", dijo el granjero.

"No tengo nada más que treinta centavos", le contestó la niña. "Con ese dinero solamente puedes comprar una pequeña", replicó el señor. "¿Qué te parece esa?", preguntó mientras señalaba una pequeña sandía en el terreno.

"Está bien, me quedo con esa", sonrió la niña. "Acá tiene sus treinta centavos. Pero déjela en la planta. Vendré a buscarla dentro de un mes".

Bastante inteligente la niña, ¿verdad? Sabía que su paciencia iba a ser recompensada. Si esperaba un mes, tendría una sandía grande y madura al precio de una pequeña y verde.

Lee ahora, cosecha después

Igual que la niña, somos recompensados en gran manera cuando, habiendo leído libros, los revisamos semanas (o incluso meses y años) después de la primera lectura. Mientras repasamos el libro, nos sorprendemos de cuánto hemos olvidado, y las visiones y comprensión nos vuelven a borbotones mientras hojeamos las secciones resaltadas, recordándonos que valió la pena esperar para esa revisión.

Repasar un libro también te recordará que el tiempo y el esfuerzo destinados a la lectura tienen una gran retribución. Al igual que el mercado de valores, a veces no reconocemos esa recompensa hasta mucho después, incluso años después.

> *Algunos libros son para disfrutarlos... otros para ser devorados... y unos pocos para ser masticados y digeridos.*
>
> —Francis Bacon

Pero la retribución de la lectura es muy grande... y muy real... tal como verán en el próximo capítulo llamado "Los-que-leen y los-que-no-leen versus los-que-tienen y los que-no-tienen".

CAPÍTULO 5

Los-que-leen y los-que-no-leen versus los-que-tienen y los-que-no-tienen

La lectura es acumulativa y se procesa en progresión geométrica: cada nueva lectura se desarrolla sobre lo que haya leído antes el lector.

—Alberto Manguel, autor de *Una historia de la lectura* (*A History of Reading*)

Suelo contar la historia de los dos niños que andaban caminando por un bosque, cuando de pronto, levantaron la vista y se encontraron con un enorme oso gris que se dirigía hacia ellos.

Los niños comenzaron a correr lo más rápido que podían. De repente, uno de ellos se detuvo y sacó de su mochila su calzado deportivo, calzándoselo rápidamente.

"¡¿Qué haces?!", gritó su amigo. "¡Esos zapatos no te van a ayudar a dejar atrás a un oso!".

"No necesito dejar atrás al oso", contestó el primer niño mientras corría a toda velocidad con su calzado. "¡Solamente necesito dejarte atrás a ti!".

Parábola de los-que-tienen y los-que-no-tienen

Esta historia sirve de parábola para la carrera entre "los que tienen" y "los que no tienen", un fenómeno que ocurre cada vez con mayor frecuencia a medida que la Era de la información gana impulso. Piensen en el oso furioso como la competencia en aumento, y en los dos niños como los trabajadores de la Era de la información. El calzado deportivo es lo que llamo "el estrecho margen de la lectura"; es decir, una ventaja en apariencia pequeña pero absolutamente decisiva que significará la diferencia entre supervivencia y desastre.

El hombre que no lee buenos libros no tiene ninguna ventaja por sobre el hombre que no puede leerlos.

–Mark Twain

En la Era de la información, el niño con calzado deportivo —el lector— no solo sobrevivirá, sino que prosperará, porque se ha preparado para los desafíos que vendrán. El lector se convertirá en uno de los-que-tienen.

Por otra parte, el niño sin calzado deportivo será una de las víctimas de la embestida de la Era de la información. El que no lee pasará a ser uno de los-que-no-tienen.

La creciente brecha de ingresos

La brecha entre los que tienen y los que no es real y aumenta día a día. Hace veinte años, un CEO ganaba en una semana lo mismo que un trabajador promedio ganaba en un año. Actualmente, el mismo ejecutivo gana en un día lo mismo que un trabajador promedio gana en un año. Amigos, eso no es una brecha de ingresos —eso es un abismo de ingresos— y sucede en todos los niveles de empleo.

Demos una mirada a estas cifras de promedios de ingresos extraídas de una encuesta de la Oficina del Censo de los Estados Unidos en 1999:

Nivel de educación	**Ingreso anual promedio**
No completó estudios secundarios	US$ 11.000
Estudios secundarios completos	US$ 17.000
Estudios universitarios completos	US$ 32.000
Título de postgrado	US$ 41.000
Abogados y médicos	US$ 66.000

¿Qué nos dice este cuadro? Bueno, las cifras nos dicen que la inversión en educación da grandes dividendos, eso es seguro. Pero me interesa más lo que el cuadro nos dice. Les explico:

Miren nuevamente las cifras a la derecha. Representan ingresos anuales promedio. No están esculpidas en piedra. No toda persona que obtiene un título universitario está automáticamente habilitada para ganar US$ 32.000 por año. Personalmente, conozco varios graduados que cobran un sueldo mínimo, y también conozco a varias personas que abandonaron la escuela secundaria y que cobran sueldos muy superiores a los de los profesionales promedio.

¿Por qué a algunas personas les va mejor que al promedio y a otras les va peor? Bueno, según mi punto de vista, los trabajadores que aprovechan la lectura se desempeñarán casi siempre mejor que quienes no leen. Por eso siempre

Quienes pueden leer ven doblemente bien.

—Meander

le digo a la gente que la mayor ventaja en la nueva economía sigue siendo la vieja tecnología: ¡leer!

Y no me refiero simplemente a una ventaja en la capacidad para ganar. La lectura da ventaja para enriquecerse en relaciones... felicidad... realización personal... satisfacción profesional... y demás.

Este cuadro es evidencia de aquella sabia observación de Benjamín Franklin que expresa: "al invertir en conocimiento, se obtienen los mejores intereses". Cuando Franklin hizo esa observación, Estados Unidos estaba en plena Era agraria, período en el que el 90% de las personas vivía y trabajaba en el campo.

Actualmente estamos en medio de la Era de la información, período de la historia en el que menos del 2% de la población vive en el campo. El conocimiento es mil veces más importante ahora de lo que era en la época de Franklin. Y leer sigue siendo la mejor manera de obtener el conocimiento para poder remontar la cresta de la ola de la Era de la información, en lugar de ahogarse en su estela.

La regla 80/20 se aplica a la lectura

Todos conocemos la regla 80/20 (20% de los trabajadores en cualquier empleo realizan el 80% de las tareas). Así es como se aplica la regla 80/20 en los estadounidenses adultos:

El 20% es analfabeto o lee mal, rara vez lee, si lo hace.

El 60% lee bastante bien, pero decide no hacerlo.

El 20% lee bien y lo hace regularmente.

> *Cada hombre que sabe leer tiene el poder de magnificarse, de multiplicar sus maneras de existir, de hacer su vida plena, significativa e interesante.*
>
> –Aldous Huxley

Comencemos nuestra discusión sobre la regla 80/20 hablando sobre el 20% que lee mal o es analfabeto. Pronto descubrirán la exactitud de la parábola presentada en el inicio de este capítulo, ya que existe una sorprendente correlación entre no leer y no tener, y el panorama para quienes no leen no es bueno.

Analfabetismo: correr en arena movediza

Hubo una época, no mucho tiempo atrás, en la que aún sin leer muy bien, las personas podían tener una vida bastante buena para ellos y sus familias. Los trabajadores de las líneas de montaje en Ford, Caterpillar o Goodyear podían marcar tarjeta, dejar que el tiempo pase, por aburrido que fuera, y mantener a una familia de cuatro miembros bastante bien. Eran dueños de su vivienda y tenían automóviles decentes. Algunos inclusive lograban enviar sus hijos a la universidad.

Pero, a medida que la Era industrial deja paso a la Era de la información, cada vez hay menor disponibilidad de empleos fabriles con salarios altos. Hoy en día, para las personas a las que les falte capacidad y conocimiento, las perspectivas laborales son escasas —cada vez más escasas. Como resultado, existen muchas personas enojadas y frustradas. Por muy duro que trabajen estas personas, siguen quedándose más y más atrás. Es como la calcomanía que vi hace poco tiempo. Decía: "¡más rápido corro, más rezagado quedo!". Quienes leen poco se deben sentir como si quisieran correr en arena movediza, entre más luchan, más se hunden en enojo y frustración.

Enojo con el mundo

Existe un gran número de personas que no pueden vivir sus sueños porque no saben leer. El Instituto Nacional de Alfabetización informa que más del 20% de los adultos leen al nivel de un alumno de quinto grado o menos. ¡Eso es... cuarenta millones de estadounidenses mayores de dieciséis años! Además, el 43% de las personas con los niveles más bajos de alfabetización vive en condiciones de pobreza. Quienes reciben planes sociales y tienen entre 17 y 21 años leen, en promedio, al nivel de un alumno de sexto grado. ¿cómo imaginas que ellos se sienten? ¿cómo te sentirías tú en lugar de ellos? Sé que yo estaría enojado ¡enojado de veras!

Nuestras cárceles están llenas de personas que leen mal o analfabetos que eligieron expresar su enojo con el mundo lastimándose mediante el abuso de drogas... o peor aún, lastimando a otros mediante robos o actos de violencia. A continuación, se exponen unas relevantes estadísticas de la Asociación de Educación Correccional que prueban el asunto:

- Solamente el 51% de los presos completaron la educación secundaria, comparado con el 75% de la población en general
- El 70% de los presos se ubica en los dos niveles más bajos de alfabetismo
- Un estudio de Illinois determinó que el 62% de los presos que fueron liberados y que tenían un nivel de estudios inferior al primer año de la escuela secundaria fue arrestado nuevamente

Cuando miro estas estadísticas, recuerdo un viejo y sabio dicho: "Si tu única herramienta es un martillo, todos los problemas parecen clavos". Las personas que no pueden leer tienen menos herramientas que los lectores y, como resultado, es más probable que deban forzar su camino en la vida.

Lamentablemente, este no es un número pequeño de estadounidenses. ¡El Centro Nacional de Alfabetización Familiar estima que una de cada diez personas con estudios secundarios no puede leer lo suficientemente bien como para completar una solicitud de trabajo!

Algunos estudiantes beben de la fuente del conocimiento. Otros únicamente hacen gárgaras.

–E. C. McKenzie

La buena noticia es que hay gran cantidad de programas disponibles para adultos que quieren leer mejor. Los programas del Centro Nacional están ayudando a leer a sesenta mil familias; ¡estos programas hacen milagros! ¡Los estudios demuestran que la necesidad de asistencia pública disminuye un 50% para las familias que completan los programas del Centro!

Pueden leer, pero no lo hacen

Ahora miremos la gran saliente de la curva de la campana: el 60% que puede leer, pero decide NO hacerlo. Estas son las personas que tienen la mayor herramienta disponible para su crecimiento personal, pero, por alguna razón, deciden NO usarla.

Aquí tenemos una estadística alarmante: más del 37% de quienes completan sus estudios secundarios nunca vuelven a leer un libro. ¿Qué hace esa gente con su tiempo? Dos letras lo dicen todo: TV.

Un libro de reciente publicación llamado *Tiempo para la vida* (*Time For Life*), de John Robinson y Geoffrey Godbey, afirma que el estadounidense promedio tiene 37 horas semanales de tiempo libre — cinco horas más que 30 años atrás. Bien, ¿y cómo decide pasarlas? ¡Viendo más televisión! La TV ocupa ahora hasta un 40% del tiempo libre del estadounidense promedio.

Al invertir en conocimiento se obtienen los mejores intereses.

–Benjamín Franklin

"Claramente, la televisión es el gorila de 500 kilos del tiempo libre", escriben los autores. "Nos hemos encontrado con personas que dicen que no tienen tiempo libre porque miran televisión". ¡Sorprendente! ¡Algunas personas consideran a la televisión como una necesidad en lugar de una opción!

La Oficina del Censo de Estados Unidos revela que, en 1997, la persona promedio pasó 1.595 horas mirando televisión, o sea un poco menos de 4,4 horas por día. A continuación, se detalla lo que hace la gente en su tiempo libre diario:

4,4 horas miran televisión 3 horas escuchan la radio

45 minutos escuchan música grabada

27 minutos por día leen el diario

17 minutos por día leen libros

14 minutos por día leen revistas.

En otras palabras, ¡el estadounidense promedio pasa más de cuatro horas viendo televisión y menos de una hora leyendo! ¿Qué le parece a usted que sucedería si esa cifra se revirtiera? Leer y hacerse rico, supongo.

No atacar a la TV

Por favor comprendan, no estoy atacando a la televisión. En nuestra casa hay tres televisores y uno tiene pantalla gigante. Honestamente, creo que la televisión está mejorando. Hoy en día, se pueden elegir cientos de canales y cada vez hay más canales educativos buenos, como el *History Channel* o el *Discovery Channel*, por nombrar dos nada más.

Pero demasiada gente pierde un precioso tiempo libre mirando cosas sin valor, o peor aún, viendo programas deslumbrantes que descuidadamente promueven el sexo y la violencia. Demasiados estadounidenses son como el niño que quiere comerse toda la torta de cumpleaños de una sola vez, tratan de ver todo lo que hay en televisión en lugar de elegir y así ejercer algo de disciplina.

Los autores de *Tiempo para la vida* resumen la situación de esta manera: "el tiempo libre exige compromiso, imaginación, reflexión y disciplina si lo vamos a usar sabiamente".

Compromiso, imaginación, reflexión y disciplina —¡mmm... me parece que es exactamente lo que hacernos cuando leernos!

Recuerda... ¡todo cuenta!

Toda esta conversación sobre mirar mucha televisión basura me recuerda un chiste sobre una nueva dieta. Come lo que quieras... cuando quieras... y cuanto quieras. No bajas de peso, ¡pero es una dieta realmente fácil de seguir!

Se puede decir lo mismo de nuestro tiempo libre. Podemos llenar nuestras horas no laborales de actividades no productivas, y esa es una "dieta" que de veras es fácil de seguir. Pero no nos ayudará a lograr lo que realmente querernos en la vida, ¿no es así?

Don Shula, entrenador del equipo de los Miami Dolphins incorporado al Salón de la Fama, solía decirles a sus jugadores que, o mejorarían o empeorarían. No había término medio. "¡Así que trabajen duro para mejorar!", los instaba.

Lo mismo se aplica a su vida. O bien se hace más rico... o bien se hace más pobre —y no me refiero solamente al dinero. No hay término medio. Si no usas tu tiempo libre para leer y hacerte rico, adivina... ¡esta yendo en la dirección opuesta! Lester C. Thurow, economista reconocido a nivel mundial, lo dice de esta manera:

"Un mundo competitivo tiene dos posibilidades. Usted puede perder o, si quiere ganar, puede cambiar".

¡Desafío a todas las personas que pueden leer, pero eligen no leer, a que cambien! Nadie en este mundo tiene que perder. ¡Todos podemos ganar! Pero si la gente tiene intenciones serias de ser parte de los-que-tienen, deben cambiar sus hábitos de tiempo libre.

> *Un mundo competitivo tiene dos posibilidades. Usted puede perder o, si quiere ganar, puede cambiar.*
>
> –Lester C. Thurow

No sugiero que la gente se deshaga de sus televisores. Simplemente, no los enciendan tan seguido. Y así entonces, lean.

Como dice mi amigo Gary Blair, ¡todo cuenta!

Los-que-tienen hacen que su tiempo libre sea importante... ellos leen. Y tú, ¿qué haces?

CAPÍTULO 6

¡Todos (incluido tú) pueden leer y hacerse ricos!

Los libros han significado para mi vida lo que el sol ha significado para el planeta Tierra.

—Earl Nightingale

Una tarde, Carol recibió el llamado telefónico que toda esposa o esposo teme: "Soy el Oficial Williams del Departamento de Policía de Clearwater. Su esposo tuvo un accidente automovilístico grave. Lo llevaron en ambulancia al Hospital Bayfront Community".

Carol salió corriendo hacia el hospital, donde fue recibida por un médico con cara de desconsolado:

"Lo siento", dijo el doctor. "Intentamos salvarlo, pero era demasiado tarde. Lo lamento mucho...".

Hagamos algo de historia antes de contarles cómo manejó Carol esta crisis. Cuando Carol y Bill se casaron, habían acordado que él sería el sostén de la familia mientras ella se quedaba en casa con los niños. Ella no trabajaba fuera del hogar desde que tenía veinte años. De manera que, a los 46 años, Carol se vio obligada a salir a trabajar mientras criaba sola a dos adolescentes.

Carol se dedicó a reconstruir su vida destrozada. En verdad, no tenía mucha opción: o se hundía o nadaba. Se inscribió en un programa de un año de duración para convertirse en auxiliar de justicia. Hablaba incansablemente con amigos y con su ministro religioso. Visitaba bibliotecas y librerías, buscando libros que la ayudaran a manejar el flujo de emociones negativas que experimentaba, pesar... enojo... miedo al fracaso... estrés... preocupación... y depresión.

Lectura y recuperación

Lectora de toda la vida, Carol se volcó a los libros para obtener consuelo y consejo. Veamos algunos de los libros que leyó para ayudar a reconstruir su vida:

Los tiempos duros no perduran, pero las personas duras sí (*Tough Times Don't–Last but Tough People Do*) —este libro ayudó a Carol a aceptar el hecho de que todos tenemos que enfrentar realidades duras en esta vida; además, la alentó a concentrarse en las muchas bendiciones que poseía y a vivir en el presente, no en el pasado.

Ataques de pánico: qué son y qué hacer con ellos (*Panic Attacks: What They Are and What to Do About Them*) —este libro le hizo comprender sus frecuentes ataques de pánico y le brindó estrategias para aplicar en situaciones en las que se sentía agobiada por el miedo y la ansiedad.

Cómo sobrevivir al estrés (*Stress Survival*) y *Guía para el manejo del estrés* (*Stress Management Handbok*) —estos dos libros le proporcionaron una visión interna para manejar situaciones de estrés que Carol nunca había experimentado anteriormente.

Cambiar: una guía para que las mujeres puedan diseñar su futuro financiero (*Making Change: a Woman's Guide to Designing Her Financial Future*) —Durante veinte años Bill era el que ganaba dinero y pagaba las cuentas. De este libro obtuvo conocimiento y confianza. Antes del accidente ni siquiera podía conciliar el saldo de su chequera. Ahora está a cargo de invertir sus ahorros jubilatorios.

Reviviendo a Ofelia (*Reviving Ophelia*) —Cuando la hija de Carol entró en la adolescencia, surgieron nuevos desafíos y conflictos. Este libro le dio ideas profundas acerca de la frágil autoestima de las adolescentes y la ayudó a darse cuenta de los cambios emocionales y físicos que su hija atravesaría.

> *Eres es el mismo que el que serás en cinco años, excepto por dos cosas, las personas que conoces y los libros que lees.*
>
> –Charles E. "T" Janes

El Paciente Inglés (*The English Patient*) —esta novela se convirtió en una película ganadora de Premios Óscar. El libro le recordó a Carol que la buena literatura, más que cualquier otro medio, puede transportarnos a través del tiempo estimulando nuestra imaginación y conectándonos con nuestras emociones.

Memorias de una Geisha (*Memoirs of a Geisha*) —Este exitoso libro, escrito de manera hermosa, la introdujo a una época en la historia de Japón en la que las mujeres eran tratadas como objetos de entretenimiento de hombres poderosos, y le recordó que las cosas podían ir peor, ¡mucho peor!

Las cenizas de Ángela (*Angela's Ashes*) —Conmovedora historia de un niño que creció en absoluta pobreza en Limerick, Irlanda. Se trata de una excursión a nuestros peores miedos infantiles, y le recordó a Carol que el amor y el sentido del humor pueden iluminar inclusive las horas más oscuras.

Historia del arte (*History of Art*) —Repaso de las obras de arte más importantes de la historia, este libro encendió el espíritu de Carol y reavivó su apreciación de la belleza.

Les cuento sobre estos libros porque ilustra cómo una persona puede usar la lectura para lidiar con el dolor y el cambio. Por favor comprendan que no necesariamente recomiendo estos libros.

Sinceramente, no leí ni una página de ninguno de ellos. Pero Carol sería la primera en decirles que cada uno la ayudó a hacerse rica en esperanza, espíritu, optimismo y conocimiento durante los momentos más difíciles de su vida.

Todos tenemos problemas

Por supuesto, Carol no es la única persona en el mundo con problemas. Es posible que la pareja que vive al lado de ella tenga un matrimonio feliz, pero tal vez ellos tengan una demora de tres meses en el pago de su hipoteca. Otra pareja que vive a continuación tal vez tenga mucho dinero y un matrimonio feliz, pero es posible que ellos estén luchando para controlar a su hijo mayor que tiene problemas con el alcohol y las drogas. Y así sucesivamente, a lo largo de la calle... en el vecindario... en el país... y en el mundo.

Si tienes pulso, tienes problemas. De eso se trata la vida, reconocer y resolver problemas. Tengo la sensación de que algunas personas creen que los ricos tienen menos problemas que el resto de nosotros, que todos sus problemas desaparecerían si tuvieran dinero.

> *Emplea tu tiempo en desarrollarte a través de los escritos de otras personas, de manera tal que puedas obtener fácilmente lo que para otros significó mucho trabajo duro.*
>
> –Sócrates

"Si tuviera su dinero", se escucha a la gente decir, "no tendría ninguna inquietud en el mundo". No es verdad. Todo el mundo tiene problemas. ¿Ustedes creen que Bill Gates, el multimillonario presidente de Microsoft, no tiene problemas? Mientras escribo esto, el gobierno ha caído con fuerza sobre su compañía, acusándolo de conspirar para crear un monopolio. Está bien, tiene problemas, ¡graves problemas! Pero, adivinen qué... una vez que supere ese problema, habrá muchos más para ocupar ese lugar. Es el hombre más rico del mundo e igual tiene muchos problemas. ¡No hay escapatoria!

Por eso digo que hacerse rico es más que aumentar la cuenta bancaria. Hacerse rico en el sentido total de la palabra es reconocer los problemas y luego resolverlos. Hacerse rico significa convertirse en mejor persona.

Una historieta de Ziggy publicada hace poco en el periódico local contenía estas sabias palabras acerca de los problemas: "No te midas por los problemas que enfrentas... ¡mídete por los problemas que has enfrentado hasta ahora!". Tanto Carol como yo somos muestra de que los libros no solamente nos ayudan a enfrentar nuestros problemas, sino que también nos dan la sabiduría y comprensión para resolverlos y, así, hacernos ricos.

¡Leer y hacerse rico es para todos!

En lo que resta del capítulo, te voy a hablar de personas que, al igual que Carol, han leído y han enriquecido sus vidas. Las personas que vas a conocer tienen variadas procedencias y representan todos los niveles de la sociedad, desde prisioneros a presidentes. Pero todos tienen una cosa en común: se hicieron ricos leyendo, lo que demuestra que la lectura puede transformar a todos (incluso a TI) sea empleado del gobierno o gobernador... dueño de un pequeño negocio o presidente de una empresa de la lista de Fortune 500... oficinista o gerente intermedio... ama de casa o sostén de familia, lo que tú digas. Más allá de lo que seas o de lo que hagas, los poderes ocultos de la lectura pueden enriquecerte en todas las áreas de tu vida.

Comencemos nuestra discusión con sujetos que nunca imaginaría que pudieran hacerse ricos leyendo: presos de una cárcel de Lincoln, Illinois.

Cuentos infantiles desde la cárcel

Al igual que millones de madres en todo el mundo, Erika Gonzales le lee un cuento a su hijo Jimmy de dos años. La diferencia es que ella lee frente a una fría grabadora negro. Jimmy vive con la hermana de Erika a doscientos kilómetros. Su madre, de dieciocho años, vive en la cárcel, cumpliendo un año de condena por robo y agresión.

"Mamá te extraña y te quiere", le dice a la grabadora. "Te voy a leer un libro para que sepas que soy yo y que te quiero". Termina la historia y entrega el libro y la grabadora a los voluntarios del Proyecto "Libro de cuentos", que le enviarán a Jimmy el libro y el casete por correo.

Leer para vivir.
–Gustave Flaubert

El Proyecto se desarrolla sobre la base de un concepto simple: los niños necesitan escuchar cuentos antes de irse a dormir, aún si sus padres están en prisión; además, leer cuentos es tan valioso para los padres como para los niños.

Los voluntarios recolectan libros y grabadoras, los llevan a las cárceles y animan a los presos, tanto hombres como mujeres, a que graben historias y mensajes personales para sus hijos. Los voluntarios disponen los libros en una de las aulas de la prisión. Y los reclusos los revisan en su tiempo libre.

Algunos eligen libros que atraigan a todos sus hijos. Otros buscan libros religiosos o que enseñen lecciones morales, por ejemplo, a compartir. Los libros para niños pequeños se pueden leer en pocos minutos. Los libros para niños más grandes llevan más tiempo, por eso suelen leer el primer capítulo y estimulan a sus hijos a que terminen el libro por su cuenta.

Pequeños pasos dan grandes resultados

Los reclusos del Centro correccional Logan de seguridad media, en el centro de Illinois, aceptaron inmediatamente participar en el Proyecto "Libros de cuentos". Decenas de presos se anotaron y cada día varios más piden permiso para llegar a tocar a sus hijos por medio de la lectura.

"Este programa no va a curar todos los problemas de la familia", dice un voluntario, "pero no dejo de pensar que, desde la perspectiva de un niño, será un momento de cariño memorable".

He llegado a pensar que puede ser mucho más que eso, puede ser una poderosa herramienta para ayudar a quebrar el círculo de pobreza y delito tan común en las familias que no leen. Tal como dice Abigail Van Buren, más conocida por sus lectores como Querida Abby:

Nunca serás más rico que yo, porque yo tuve una madre que me leía.

"Lectores rodantes" llega a niños necesitados

Los "Lectores rodantes" (*Rolling Readers*), la más grande organización de alfabetización infantil sin fines de lucro tiene una misión parecida a la del proyecto "Libros de cuentos": promover la lectura entre niños desfavorecidos. Fue iniciada en 1961 por un padre que se ofreció como voluntario para leer a niños de un albergue para gente de la calle, luego de darse cuenta del profundo efecto que la lectura tenía en sus propios hijos. Los voluntarios van a las escuelas y refugios una vez por semana y leen en voz alta en las aulas. Tres veces por año, auspician una entrega de libros, donde los chicos reciben sus propios libros nuevos. A los niños les encanta escuchar a los voluntarios leyendo historias, pero los emociona tener sus propios libros.

Es a partir de los libros que los hombres sabios logran consuelo para los problemas de la vida.

–Víctor Hugo

Tal vez el programa "Libros de cuentos" y "Lectores rodantes" sean pequeños pasos para gente con grandes problemas, pero al menos son pasos en la dirección correcta. Y nunca nos olvidemos que, a lo largo del tiempo, los pequeños pasos pueden resultar en un viaje que lleve a la gente lejos de sus antecedentes de desamparo.

Libros tras las rejas

Leer también puede ayudar a que adultos en problemas cambien sus vidas, como lo demuestra un programa de lectura ordenado por la justicia en Lowell, Massachusetts. Decenas de delincuentes pasan tiempo de sus sentencias sentados en frente a una mesa de lectura, en vez de estar tras las rejas, como parte de un programa especial llamado "Cambiar vidas a través de la literatura".

Esta no es simplemente otra versión liberal de "pongámonos más suaves con los delincuentes". ¡El programa logra resultados! Una encuesta entre los casi setenta reclusos que completaron las clases mostró que los delitos de todo tipo disminuyeron 68% entre los graduados, mientras que el delito grave cayó 80%. El programa funciona así:

No te midas por los problemas que enfrentas... ¡mídete por los problemas que has enfrentado hasta ahora!

–Historieta de Ziggy

En lugar de cumplir una sentencia en la cárcel, los participantes ingresan a un período de prueba para el cual se anotan en un curso de tres meses. El programa está disponible únicamente para convictos y delincuentes reincidentes que muestran interés en cambiar su vida. No se permite el ingreso de asesinos ni acusados por delitos sexuales.

Los participantes leen seis novelas, un libro cada dos semanas. Estos son algunos de los libros que el programa emplea para alentar a los presos a leer y hacerse ricos: *El viejo y el mar* (*The Old Man and the Sea*), de Ernest Hemingway; *Lobo de Mar* (*Sea Wolf*), de Jack London; *De hombres y ratones* (*Of Mice and Men*), de John Steinbeck; y *Liberación* (*Deliverance*), de James Dickey.

Si los convictos faltan a clase sin excusa válida, se los envía a la cárcel a cumplir la totalidad de su condena. Un profesor de lengua, un juez, dos oficiales encargados de libertad condicional y un grupo de reclusos se encuentran semana por medio en un aula establecida. Todos participan por igual y las discusiones se concentran en temas basados en los valores, como lecciones de responsabilidad personal, respeto propio y compasión.

"Sucede algo mágico alrededor de esa mesa", afirma Robert Waxler, profesor de literatura que inició el experimento en el campus Darthmouth de la Universidad de Massachusetts. "Es una discusión que permite que todos los participantes reflexionen sobre los personajes de las historias —y sobre sí mismos".

Los libros pueden mejorarte

Creo sinceramente en el poder que tienen los libros para hacer una mejor persona, aunque esa persona sea un convicto. Hace poco tiempo fui invitado a hablar en una penitenciaría federal de Florida. Luego de mi charla entregué copias de mi libro *Tú, inc. Descubre tu CEO interno* (*You, Inc: Discover the CEO Within*). Sigo recibiendo cartas de presos que me dicen que el libro los inspiró a repensar sus vidas. Eso es lo bello de los libros, nos desafían a pensar en nuestros sistemas de creencias de maneras nuevas y diferentes.

¿Recuerdan la definición de lectura del primer capítulo? La lectura es pensamiento estimulado visualmente. Esta definición es la que mejor describe el motivo por el que todos, desde presos a jueces, se pueden beneficiar con la lectura, especialmente si las discusiones son orientadas por personas con experiencia. Cuando se alienta a las personas a pensar en sí mismas y en cómo encajan con el resto del mundo, se ven obligadas a pensar en algunas incongruencias de sus vidas. Reevaluar nuestras vidas pensando en nuestros valores es el primer paso del crecimiento personal.

Crecimiento espiritual

Leer nos puede ayudar a crecer de tantas maneras, financieramente, emocionalmente, profesionalmente... y, por supuesto, espiritualmente. La próxima historia es sobre Earl Flowers, un ministro de Los Ángeles cuyo ruego diario era hacerse rico en la palabra de Dios, leyendo la *Biblia*.

Es cierto que para un ministro no parece un pedido tan destacable. Pero Earl era distinto de la mayoría de los ministros. Hasta pasados sus cuarenta años, era incapaz de leer. Sabía el abecedario y podía simular que leía un libro de cuarto grado con ilustraciones. Pero pedidos de trabajo, instrucciones simples para armar juguetes o cuentos para sus nietos, escapaban a su comprensión.

Earl nació en Belice, América Central, y fue abandonado siendo muy pequeño. Durante un tiempo, vivió en un establo de caballos, solamente con la ropa que llevaba puesta. Pero Earl era brillante y ambicioso, y desarrolló varios negocios exitosos en Belice antes de emigrar a Estados Unidos.

Se convirtió en cristiano renacido y fundó el Centro Cristiano Nuevas Orientaciones en Los Ángeles, confiando en su buena memoria y su hábil manejo para liderar su congregación, sin leer nunca desde el púlpito. Pero, al seguir siendo analfabeto, se privaba a sí mismo de uno de los mayores placeres de su vida: leer y estudiar las escrituras.

Tiempo de cambiar

Siempre digo a las personas que cuando se les haga más difícil sufrir que cambiar, van a cambiar. Un día Earl se cansó de sufrir la indignidad del analfabetismo, de manera que entró a la Biblioteca Pública de Los Ángeles y pidió ayuda. Se lo asoció con un voluntario del Proyecto público de lectura para adultos (cuya sigla en inglés es LARP).

Durante varios meses, Earl y el voluntario se reunían dos veces por semana y trabajaban mucho para lograr dominar habilidades que la mayoría de las personas dan por hecho, como las letras mudas y los prefijos y sufijos.

> *Nunca serás más rico que yo, porque yo tuve una madre que me leía.*
>
> –Abigail Van Duren

Un día, Earl abrió su maletín negro y le entregó a su tutor dos entradas para el banquete anual de celebración de su iglesia. Earl había sido elegido para leer la declaración de misión de la iglesia, y quería que su tutor lo ayudara a prepararse para el evento. Había un problema: el lenguaje de la declaración era formal y mucho más complejo que el nivel de cuarto grado ¡y el banquete sería en dos semanas!

Earl leyó la declaración mientras el tutor identificaba las partes que necesitaban atención especial. En la primera lectura, descubrió más de cuarenta palabras o frases que Earl no podía leer. El tutor dudaba seriamente que Earl pudiera resolverlo con tan poco tiempo. Pero Earl estaba decidido.

La noche del banquete, cuando llegó el turno de que Earl leyera, su esposa se inclinó hacia él y le susurró: "¡Estás seguro de que quieres hacerlo? Yo puedo leer por ti".

"Puedo hacerlo," dijo Earl. "Alabado sea Dios, puedo hacerlo".

Y claro que leyó. Todas las palabras. Sin tartamudear ni una sola vez. Para la asamblea reunida, se trataba simplemente de otro hombre más, leyendo otro discurso. Pero para Earl Flowers y su esposa no era así. Para ellos parecía un milagro.

Al poco tiempo de la lectura, Earl apareció en la biblioteca y dio una excelente noticia a su tutor: había aprobado el examen para obtener la ciudadanía estadounidense.

"He estado aquí todos estos años y nunca pude rendir el examen porque no sabía leer", explicó Earl. "¡Es gracioso, porque en realidad fue fácil! ¡Obtuve veinticuatro puntos sobre veinticinco!".

Dios ayuda a quienes se ayudan

Me encanta esta historia porque Earl no tuvo miedo de expresarse sinceramente. Comprendió que nunca haría uso de todo su potencial como cristiano practicante, mucho menos como ministro, si no aprendía a leer. Por eso, enfrentó sus defectos e hizo lo que debía hacer para corregir la situación. Los "Earl Flowers" del mundo son prueba fehaciente del axioma "Dios ayuda a quienes se ayudan".

¿Tienen alguna duda de que Earl está leyendo la *Biblia* y enriqueciéndose gracias a ella cada día de su vida? Yo no. Para mí, Earl es un verdadero héroe. Dejó de conformarse con sus limitaciones y, en lugar de eso, decidió conquistarlas. Si esa no es la definición de hacerse rico, entonces ¡yo no sé cuál es!

Si le preguntaran a Earl Flowers si realmente es posible para todos leer y hacerse ricos, ¿qué les parece que diría?

Estoy seguro de que contestaría leyéndoles un pasaje de la *Biblia.*

Leer es la mejor revancha

Hasta ahora hemos hablado de personas poco comunes a las que la lectura ayudó, personas como Earl Flowers, un inmigrante analfabeto de América Central, a hacerse ricos.

Lees sobre la vida de otra persona y eso te hace pensar en la tuya. Eso es lo lindo. Por eso adoro los libros.

–Oprah Winfrey

Ahora veamos cómo la lectura ayudó a otro extranjero y su familia a hacerse ricos. Pero esta historia tiene una vuelta. ¡Esta persona, además de crecer personal y profesionalmente, hizo contribuciones que enriquecieron las vidas de millones de personas en todo el mundo!

Su nombre es Michael DeBakey y su vida es ejemplo de que la lectura tiene el poder de elevarnos a los niveles más altos de logro. Esta es su destacable historia:

Sus padres emigraron del Líbano a Estados Unidos siendo niños y se establecieron en Luisiana porque el francés era su segundo idioma. Su madre y su padre no tuvieron oportunidad de ir a la universidad, pero valoraban la lectura sobre todo y trasmitieron a sus hijos su amor por ella. Michael DeBakey recuerda que, cuando eran pequeños, a él, a su hermano y a sus dos hermanas se les exigía que "fueran a la biblioteca todas las semanas, retiraran un libro y lo leyeran".

Una semana, volvió deprimido porque el bibliotecario no le permitió llevarse lo que para él era el mejor libro de todos. El "libro" era la *Enciclopedia Británica.* Su padre la compró, y los niños se apuraban a hacer la tarea para poder leerla antes de irse a la cama. Cuando DeBakey ingresó a la universidad, ya había leído la colección completa.

DeBakey se convirtió en el doctor Michael DeBakey, cardiocirujano famoso en todo el mundo. Actualmente tiene noventa años, pero no muestra signos de disminuir su actividad. Su trabajo diario aún incluye operaciones, enseñanza e investigaciones. Se cuentan entre sus logros: la invención de procedimientos para reparar corazones dañados; el desarrollo de los primeros vasos sanguíneos artificiales; ha operado personalmente a más de sesenta mil personas a lo largo de los años, y virtualmente ha inventado la cirugía cardíaca de bypass, un procedimiento que salva cientos de miles de vidas todos los años.

Además, quiero que sepan que DeBakey es más que tan sólo una historia en uno de mis libros. Su compromiso de toda la vida con el crecimiento personal y profesional a través de la lectura me conmovió de manera muy personal. Verán, en 1976, mi padre se enteró de que debía someterse a una cirugía a corazón abierto. Buscó el mejor cirujano del mundo para que lo operara. Estoy seguro de que adivinan a quién eligió, nada menos que al legendario doctor Michael DeBakey.

Lectura e investigación

Resulta obvio que la lectura preparó el camino para que los niños DeBakey triunfaran en la vida (el hermano de Michael también es cirujano y sus dos hermanas son prestigiosas escritoras de temas médicos). ¡Pero lo que me parece fascinante del doctor DeBakey es cómo usó la lectura para ir más allá del aprendizaje sobre lo conocido y descubrir lo desconocido! Les explico:

En 1932, cuando DeBakey era un estudiante de medicina de 24 años, su supervisor de laboratorio le pidió que encontrara una bomba que imitara el pulso humano. En esa época, la cirugía a corazón abierto era poco frecuente, si no imposible, porque no había manera de que la sangre siguiera bombeando mientras se reparaba el corazón.

DeBakey no encontró información sobre bombas en la biblioteca médica, por eso eligió el enfoque creativo ¡buscó bombas en la biblioteca de ingeniería! Dejó sus suposiciones en la puerta y buscó bombas de hasta dos mil años de antigüedad. Finalmente, descubrió una bomba del siglo XIX que se podía adaptar para crear la primera máquina exitosa de corazón y pulmón. ¡Había nacido la cirugía cardíaca moderna!

No soy tan ingenuo como para decirles que pueden ser el próximo doctor DeBakey leyendo de pequeños. Para muchos de nosotros, eso no va a suceder. Pero podemos aprender de la familia DeBakey algunas lecciones valiosas sobre la lectura.

Nivelar el campo de juego

Lección número uno: la lectura es el gran igualador. Todos hemos vivido situaciones en las que fuimos el extraño en un grupo. Es una sensación de soledad, lo sé. Indudablemente, las personas que hablan diferente o son distintas tienen más problemas para progresar en este mundo. Pero es un hecho en Estados Unidos que sí se recompensa la excelencia. Si puedes hacer un trabajo y lograr resultados, ya no serás extraño por mucho tiempo, eso tómalo por seguro.

Las personas que son ávidas lectoras, más allá de su historia personal, tienen una ventaja sobre los no lectores, simple y sencillamente. Además, en un mundo cada vez más competitivo, las personas están más interesadas en lo que conoces que a quién conoces, algo que no sucedía cincuenta años atrás, cuando las conexiones familiares eran muy importantes.

Lección número dos: los lectores tienen un mundo de información al alcance de su mano si solamente hacen un pequeño esfuerzo para alcanzarlo. Cada vez que voy a la biblioteca me sorprende lo servicial que es el personal y cuánta información GRATIS hay disponible si uno pregunta.

Lo mismo se aplica a Internet. La red pone el mundo al alcance de nuestra mano por unos pocos dólares al mes. ¡Y cada vez es más barata... y más rápida... y más grande... y más fácil de usar! ¡Increíble!

Cambia tu vida televisiva

Quien alguna vez haya visto a la tarde un show de charlas en vivo, inmediatamente sabe qué quiere decir la palabra "estupidizar". Demasiados programas de ese tipo explotan el peor costado de la naturaleza humana, con temas como "mujeres que salen con los novios de sus hijas".

Comprenden lo que quiero decir.

Oprah Winfrey, reina de las conductoras de estos programas, es la primera en admitir que la televisión es un medio poderoso y una gran fuente de entretenimiento, pero es escasa la televisión de buen nivel. La televisión, a diferencia de la lectura, no promueve el crecimiento personal.

"La TV promueve valores falsos", dice con candidez.

Por eso, cuando Oprah decidió darle la espalda a la televisión basura diurna e inició el *Club de libros de Oprah* (*Oprah's Book Club*), con discusiones en vivo sobre algún libro exitoso, fue como una ráfaga de aire fresco. Los libros ocupan un lugar especial en el corazón de Oprah, ya que ella sostiene que fue la lectura, más que cualquier otra influencia, lo que la llevó a su rotundo éxito.

Nacida en Mississippi de una madre soltera pobre, Oprah quedó al cuidado de su abuela, una persona sin educación; difícilmente resultara de esa crianza la personalidad más rica y poderosa de la televisión. A los seis años, Oprah fue enviada a vivir con su padre y su madrastra, en Nashville, donde vivió un acontecimiento que le cambió la vida: recibió su primera credencial de biblioteca. Su padre y su madrastra le fomentaron el inestimable valor de la lectura. Incluso llegaron a pedirle que escribiera informes sobre lo que leía.

Cuando un joven admirador le preguntó cómo se convirtió en conductora, Oprah contestó: "Todo comenzó porque yo leía mucho".

Cuando era joven, le permitían ver solamente una hora de televisión por día, por lo tanto, se volcó a los libros como forma de entretenimiento... de compañía... y de consuelo. Más de una vez ha dicho que los libros son sus amigos, a veces eran sus únicos amigos. Cuando Oprah habla apasionadamente del "poder transformador de los libros", habla por experiencia propia. Habla desde el corazón. Describe el poder de la lectura de esta manera: "lees sobre la vida de otra persona y eso te hace pensar en la tuya. Eso es lo lindo. Por eso adoro los libros".

Objetivo: lograr que la gente vuelva a leer

Probablemente, Oprah sea la persona más influyente cuando se trata de lectura. Su programa llega a más de veinte millones de televidentes por día en 130 países. Su objetivo, expresado con frecuencia, es "lograr que todo el país vuelva a leer". Admite abiertamente que la verdadera satisfacción que le da el éxito del club del libro es lograr que la gente lea por primera vez en su vida adulta.

Está tan satisfecha con el éxito de su *Club del libro* que está ampliando el formato de su programa *El Show de Oprah Winfrey*, para incluir discusiones de una semana de duración con autores de novelas y libros de autoayuda que le han parecido particularmente significativos, como *Los Hombres Son de Marte, las Mujeres Son de Venus*, de John Gray.

"Quiero ayudar a la gente a crearse la más alta visión para sí mismos", afirma. Como los libros la ayudaron a cambiar su vida de manera tan drástica, no teme usar su influencia para persuadir a millones de televidentes a que sigan su ejemplo... ¡y lean! Para Winfrey, lo más importante no es que la gente simplemente lea, ¡sino que comience a pensar en lo que han leído!

"Una cosa es ganar un premio Emmy", comenta Oprah. "Otra cosa distinta es influir en alguien que no ha tomado un libro desde que fuera obligado a hacerlo durante la secundaria, y que, como resultado de eso, comience a pensar distinto sobre su propia vida."

Este comentario suena muy parecido a leer y hacerse rico, ¿verdad? Su propia vida es prueba de que la gente puede leer y crecer. Incluso hoy en día Oprah lee religiosamente a diario. Suele leer dos libros al mismo tiempo, una novela y otro de autoayuda. ¿cuándo una empresaria de una compañía de la lista de Fortune 500 encuentra tiempo para leer? A diferencia de muchos de nosotros, ella lee en lugar de ver televisión.

Si ellos pueden hacerlo, tú puedes

Acaban de leer historias destacadas de personas con pasados diversos que han transformado sus vidas mediante la lectura.

Leyeron la historia de Carol, una joven viuda que se volcó a la lectura, buscando ayuda para recuperarse y sustentarse a sí misma y a sus dos hijos adolescentes.

Leyeron la historia de presos que usan la lectura con la intención de que les ayude a quebrar sus ciclos delictivos para comenzar a vivir de manera responsable y productiva.

Leyeron la historia de una familia de inmigrantes que utilizó la lectura como manera de compensar el hecho de ser "extraños" y, como resultado de eso, se convirtieron en cirujanos y escritores médicos destacados.

Leyeron la historia de un ministro analfabeto de cuarenta años que triunfó en el enriquecimiento de su vida espiritual al aprender a leer la *Biblia* por su cuenta.

Leyeron la historia de una famosa conductora de televisión que se valió de la lectura para superar su niñez humilde, y que usa su famoso programa de TV para lograr que en "los Estados Unidos vuelva a leer".

Aunque actualmente algunas de estas personas son ricas y famosas, interiormente no son diferentes de ti y de mí. De vez en cuando, todos hemos sentido las emociones que sintieron los protagonistas de estas historias. Todos hemos sentido vergüenza, como Earl Flowers. Todos nos hemos sentido como si fuéramos extraños, como Michael DeBakey. Todos nos hemos sentido inferiores. Todos hemos sentido ira. Duda. Impotencia. Preocupación. Estrés. Depresión. Pena.

Pero la buena noticia es que estas personas no se rindieron a la desesperación de sus emociones negativas. Reconocieron que tenían desafíos y se dedicaron a la lectura como ayuda para superar esos desafíos.

Si la lectura los ayudó a hacer sus vidas más ricas, existen razones para creer que tú puedes hacer lo mismo por ti.

Leer libera un alma atrapada

Quisiera terminar este capítulo con una historia más sobre el poder de transformación de la lectura. Es la historia de una niña que tuvo que enfrentar la adversidad en su vida. Cuando tenía apenas un año y medio, una enfermedad infantil le quitó la capacidad de ver y oír.

La niña estaba atrapada en su mente. No había aprendido a hablar, por lo tanto, emitía gruñidos y sonidos animales. Tenía ataques de ira no provocados, en los que rompía platos y atacaba a quien estuviera en el cuarto. Refunfuñaba mientras comía, como un animal salvaje. Más de un médico diagnosticó que tenía una enfermedad mental. Recomendaban enviarla a un asilo por el resto de su vida. Sus padres se negaban.

Cuando cumplió siete años, la familia contrató a una joven para que la instruyera. Durante varias semanas, la profesora intentó comunicarse con la niña, escribiendo palabras en la palma de su mano. La pequeña podía sentir los dedos de la joven, pero para ella los símbolos no tenían ningún significado.

Todavía estaba atrapada.

Leer provoca un adelanto

Pero entonces, un día, se produjo un avance. La niña se hallaba sosteniendo una taza bajo un chorro de agua. La profesora no dejaba de deletrear la palabra "a-g-u-a" en la mano de la pequeña.

¡De repente, la niña comprendió que las letras representaban un objeto! En ese instante de reconocimiento, se le abrió de par en par la puerta del mundo. Corría por el patio, tornando objetos al azar mientras le pedía a su profesora que escribiera el nombre de cada cosa en la palma de la mano. Tal como esa niña escribió años después: "Las chispas de significado iban de mano en mano, una tras otra". Desde ese día la niña ya no estuvo atrapada dentro de su mente. Finalmente, se liberó.

Esta historia es una metáfora perfecta de nuestras vidas. A veces nos hemos sentido atrapados dentro de nuestras mentes, sin poder comprender o expresar nuestros verdaderos sentimientos. En esas ocasiones nos sentimos solos. Asustados. Y enojados.

Pero no tenemos que quedarnos así. Al igual que a la pequeña, leer nos puede ayudar a abrirnos camino a través de nuestra cárcel mental. Leer tiene el poder de transformarnos, al conectarnos con los otros y con nosotros mismos. Es una herramienta que cualquiera, incluso TÚ, puede usar para que lo ayude a crecer hasta su máximo potencial.

Dicho sea de paso, la niña logró crecer hasta su máximo potencial y fue la tecnología de la lectura la que le permitió transformarse. Una vez que comprendió el concepto de leer y escribir, se convirtió en una estudiante voraz. ¡A los diez años escribía cartas en francés a personas famosas de Europa!

Decidió ir a la universidad y su dedicada profesora se sentaba a su lado escribiendo las palabras de las clases en su mano. Se recibió con honores en la Universidad de Radcliffe y se convirtió en una escritora célebre honrada por reyes y presidentes.

Solo piensen la vida de la niña comenzó cuando aprendió a leer. A propósito, se llamaba Helen. Helen Keller.

Diez obras que estremecieron al mundo

En este capítulo vimos a personas que tuvieron inteligencia y disciplina para leer y hacerse ricos en todas las facetas de sus vidas. Estos individuos son testimonios sorprendentes del hecho de que la gente puede transformar su vida eligiendo conscientemente leer libros buenos.

¡Más sorprendente aún es que algunas obras son tan poderosas y precisas, que han transformado culturas enteras, y a cada uno de sus integrantes, incluso aunque la mayoría de las personas nunca las hayan leído! A estos libros, obras, poemas y documentos los llamo "las diez obras que estremecieron al mundo".

Estas obras revolucionarias te han formado tu personalidad y tu forma de pensar, aunque nunca las hayas leído.

En el próximo capítulo, no leerás meramente sobre diez buenas obras. En el próximo capítulo, leerás sobre ti mismo.

CAPÍTULO 7

¡Diez obras que estremecieron al mundo!

En los mejores libros, los grandes hombres nos hablan, nos brindan sus pensamientos más preciados y vierten sus almas en las nuestras.

—William Ellery Channing

Finalicé el capítulo anterior con una afirmación provocativa que admite repetición: algunas obras son tan poderosas tan precisas, que han transformado culturas enteras, y a cada uno de sus integrantes, ¡incluso aunque la mayoría de las personas nunca las hayan leído!

Tal vez preguntes "¿Cómo puede ocurrir algo así? ¿Cómo puede un libro trasformar una cultura aun cuando pocas personas lo hayan leído? ¡Imposible!".

No solo es posible, es un hecho demostrado. La Constitución de Estados Unidos es un ejemplo perfecto.

¿Conocen a alguien que haya leído toda la Constitución? Yo no. Y dudo que la mitad de las personas que trabajan en el Congreso la hayan leído en totalidad. Pero tú, yo y todas las personas que viven en este país se conducen en cada momento de su vida de acuerdo con las leyes incluidas en la Constitución.

Cuando estés en Cuba, haz como los cubanos —¡O si no...!

¿Qué piensas que sucedería si un empresario estadounidense se sentara en un café de La Habana y criticara abiertamente al gobierno cubano? Les diré lo que sucedería: ¡la policía lo arrestaría antes de que terminara de tomar su café!

"¡No me leyeron mis derechos!", gritaría el hombre mientras lo arrastran al calabozo.

"¡Tengo derecho a hablar con mi abogado antes de contestar preguntas!" se quejaría durante el interrogatorio. Y cuando lo arrojasen en una sucia celda, gemiría: "¡Oigan... ¡No pueden hacer esto... nunca tuve un juicio justo!".

Lo cierto es que el empresario sería consciente de sus derechos bajo la Constitución de los Estados Unidos. ¡El único problema es que esos derechos no se aplican en Cuba!

"Bueno, lo de los derechos era una broma, Fidel. ¿puedo ir a casa ahora?".

Puedo escuchar la respuesta desde donde estoy en Tampa: ¡CLANG!

Afectado por dos constituciones

Inventé la historia del empresario en Cuba para ilustrar la diferencia entre dos obras que han causado un impacto profundo en el mundo —la Constitución de Estados Unidos y el Manifiesto Comunista. Nunca leí ninguna de las dos, ¡pero créanme que han transformado mi vida en gran medida!

Verán, hace cuarenta años, mis padres vivían en Cuba. Tenían una docena de negocios por cuarenta millones de dólares. Cuando Castro tomó el poder, mis padres se vieron obligados a huir en medio de la noche, dejando todo lo que habían logrado con su trabajo. Yo nací cuatro años después en Puerto Rico y fui criado en los Estados Unidos.

Se podría decir que mi vida fue afectada por dos constituciones —la de Estados Unidos y la de Cuba. Pero la palabra "afectado" no llega a describir el impacto que me causaron.

"Estremecido" es un término más preciso.

Por eso, uso la frase "obras revolucionarias que estremecieron tu mundo" para describir ciertas obras de avanzada que han causado un gran impacto en tu vida, te hayas tomado o no el tiempo para leerlas. Estas obras no solamente te "afectaron", han formado tus actitudes... han modelado tus creencias... han definido tus valores... han determinado tus pensamientos... y han motivado tus acciones. Si eso no es estremecer...

Las obras forman lo que somos y nuestro modo de pensar

Como dije, mi vida se estremeció por dos obras bien diferentes. En verdad, he sido modelado por mucho más que dos obras ¡y tú también!

Para demostrar mi punto de vista, imagina que hubieras nacido y crecido en China continental. Si así fuera, tu mundo se hubiera estremecido por las obras revolucionarías de Confucio... Buda... y Mao Tse Tung. Como resultado, pensarías distinto... actuarías distinto... inclusive soñarías diferente de como lo haces ahora. De hecho, si hubieras crecido como chino, SERÍAS una persona totalmente diferente a la que eres hoy en día.

Este es el motivo: durante siglos, la cultura china ha admirado y alentado la conformidad. "Si el clavo sobresale, martíllelo", es su filosofía cultural. ¿Por qué? Porque hace 2.500 años un filósofo brillante llamado Confucio buscaba promover la paz y unificar el país

> *Una gota de tinta puede causar un millón de pensamientos.*
>
> –Lord Byron

enseñando a las personas a adaptarse al grupo antes que sobresalir. Desarrolló un sistema de comportamientos, dichos y costumbres diseñadas para poner el interés de la sociedad por sobre el interés de cada individuo.

Los discípulos de Confucio escribieron sus enseñanzas y las hicieron circular por todo el país, siendo transmitidas de generación en generación. Las obras de Confucio son una importante razón por la cual los chinos siguen restándole importancia a su individualidad. Admiran el conformismo... la humildad... la modestia... la paciencia... la tradición... y los rituales. Es sorprendente que veinticinco siglos después de que las enseñanzas de Confucio fueran escritas por primera vez, aún sigan estremeciendo la cultura china.

Por otra parte, nuestra cultura se estremeció con obras completamente distintas, como la Declaración de la Independencia y la Carta de Derechos. Estos escritos revolucionarios se enfocaban en el individuo, en contraposición a la sociedad en su conjunto. Como consecuencia, nuestra cultura recompensa el individualismo. Admiramos a las personas que son diferentes... que tienen el coraje de crear su propio destino... que forjan su propio camino. ¿por qué? Porque las obras que estremecieron nuestro mundo nos dicen que el individualismo es bueno.

Diferentes obras.

Diferentes culturas.

Diferentes personas.

El medio es el mensaje

¿Crees que las enseñanzas de Confucio y los principios de la *Declaración de la independencia* hubieran tenido el mismo impacto cultural si no se hubieran escrito en papel?

¡Por supuesto que no!

Pero como se registraron por escrito, se pudieron leer, copiar, hacer circular, estudiar, examinar, discutir, debatir, hacerles agregados, corregir, adaptar, por eso siguen teniendo el poder de estremecer al mundo.

¿Se te ocurre algún otro medio además de la escritura con el poder de transformar hemisferios completos? ¿Existe alguna película... o sinfonía... o pintura... con el poder de modificar el curso de la historia tanto como la palabra escrita? ¡De ninguna manera!

No digo que estos otros medios no hayan causado un impacto significativo en la gente. Por supuesto que es así. Pero el impacto de una película influyente, como *La lista de Schindler* o un programa de televisión influyente, como *Raíces*, no se puede comparar con el poderoso impacto de un eficaz texto escrito.

Piénsalo. Para que una película o un programa de televisión influyan profundamente en una cultura, deben ser vistos por un alto porcentaje de la población, como sucedió con *La lista de Schindler.* Pero eso no sucede con las obras escritas influyentes, las cuales quedan grabadas a fuego en la conciencia colectiva de una cultura, aunque muy pocas personas dediquen tiempo a leerlas.

Obras que estremecieron al mundo

En el resto de este capítulo, vamos a analizar brevemente diez obras que estremecieron al mundo. Estas obras han trazado el derrotero de la civilización occidental. Al igual que una carta de navegación guía el curso de un gran transatlántico junto con todos los pasajeros a bordo, estas obras han determinado la dirección de tu vida, siendo que las hayas leído o no.

Se necesitan solamente tres cosas para tener una vida feliz: la bendición de Dios, libros y un amigo.

–Lacordaire

Algunos de estos documentos tienen miles de años. Otros, solamente unas décadas. Sean antiguos o modernos, todos han cambiado drásticamente el curso de tu vida por un motivo fundamental ¡todos se registraron por escrito! Si eso no hubiera sucedido, su contenido se hubiera perdido con el paso del tiempo.

Como estos documentos están escritos, cada generación pudo leerlos, estudiarlos y legarlos a la generación siguiente, lo que permitió que ciertas obras dieran forma al devenir de la historia... ¡y dieran forma a la manera de pensar y de actuar que tú y yo adoptamos a diario!

1. *La Biblia* (4.000 a.C-100 d.C)

Comencemos con una colección de escritos que estremecieron al mundo más que cualquier otro escrito: la *Biblia*.

Esta no es una discusión sobre religión en sí misma. No importa si eres cristiano, judío, musulmán, hindú, o ateo. Lo importante es el impacto de la *Biblia* en la formación de la cultura Occidental y, como resultado, en la formación de quién eres tú, cómo piensas, y de qué manera actúas.

La *Biblia* es el manantial de la civilización de Occidente. Durante miles de años, ha forjado nuestros valores y guiado nuestras leyes. Nos dice cómo comportarnos. Define el bien y el mal. Nos enseña lecciones. Nos cuenta historias eternas. Fija reglas de conducta. Nos cuenta cómo surgió el mundo, de dónde venimos los humanos, y adónde vamos después de morir. Sigue dominando la lista de libros más vendidos año tras año, sin interrupción. Ningún otro libro está cerca siquiera.

Leer historias de la *Biblia* que enseñan lecciones eternas nos permite tomar mejores decisiones y, así, convertirnos en mejores personas. Cuando leemos la historia de Caín y Abel, aprendemos a evitar las trampas de la envidia. Cuando leemos la historia de Job, aprendemos el valor de la fe y la esperanza. Cuando leemos la historia de David, recordamos el poder de soñar grandes sueños y superar grandes diferencias.

Por eso la *Biblia* tiene tanta importancia hoy en día como hace miles de años. Es un precepto para una vida honrada. Los diez mandamientos son tan aplicables hoy como cuando Moisés descendió con ellos del Monte Sinaí hace 3.500 años.

2. *Los antiguos filósofos griegos* (350-450 a.C)

Una tarde, un joven poeta llamado Platón caminaba por una calle de Atenas, en Grecia, cuando se puso a conversar con un excéntrico filósofo llamado Sócrates, que andaba descalzo. Platón regresó cambiado a su hogar. Destruyó todos sus poemas y decidió en ese momento seguir los pasos de Sócrates y convertirse en filósofo.

Varios años después, Platón abrió una escuela para instruir a otros jóvenes filósofos brillantes, entre los que se encontraba un estudiante destacado llamado Aristóteles quien, a su vez, se convirtió en tutor de Alejandro Magno. Es sorprendente que, en un lapso de cien años, tres geniales filósofos y varios dramaturgos griegos crearon las obras que serían, junto con la *Biblia*, los dos pilares de la civilización Occidental.

Los libros que más lo ayudan son los que más lo hacen pensar.

–Theodore Parker

¿Qué importancia tienen las obras de los filósofos griegos? Te lo voy a explicar de la siguiente manera: imagina que la civilización Occidental es como un bello y amplio jardín de flores. Ahora imagine que los filósofos griegos son el suelo. Sus obras sentaron las bases para nuestras instituciones judiciales, políticas, gubernamentales, educativas, científicas, comerciales y artísticas. (Si me olvidé alguna que valga la pena, puedes agregarla a la lista).

3. *La Carta Magna* (1215)

Hace casi ocho siglos, durante la Edad Media, el Rey Juan de Inglaterra, un monarca ambicioso y extralimitado que abusaba de su poder y explotaba brutalmente a sus súbditos, firmó y selló con renuencia el documento legal más influyente de la civilización occidental.

Los barones se unieron y dijeron "¡ya es suficiente!". Exigieron que el rey firmara un documento escrito que les garantizara ciertos "derechos". El documento se conoció como "Magna Carta", que proviniendo del latín significa: "la gran carta constitucional".

Y fue una gran carta, porque fue el primer intento registrado de ciudadanos de un país (sin contar a los antiguos griegos) de ampliar sus Derechos civiles y limitar el poder del gobierno. Fue la precursora de la Constitución de Estados Unidos (y, por lo tanto, precursora de las constituciones de todos los países importantes del mundo), y estableció las leyes y libertades clave que disfrutamos hoy, incluso el juicio por jurado y el concepto de Derechos civiles.

Si consideramos el poder que tenían los reyes en la Edad Media, la Carta Magna fue un documento de avanzada, porque estableció derechos que finalmente se extendieron a los ciudadanos comunes, como tú y yo. ¡Dios bendiga a la Carta Magna!

4. La Biblia de Gutenberg (1440)

Johannes Gutenberg no hubiera podido adivinar la manera en que su invento estremecería al mundo. Todo lo que quería era imprimir algunas biblias y ganar algo de dinero. Pero el invento de la imprenta, tal vez más que cualquier otra invención además de la escritura en sí misma, abrió la puerta para que las masas (o sea tú y yo, amigo) tuvieran acceso a la misma información que antes estaba reservada a unos pocos poderosos. La comercialización masiva de libros llevó a una toma de conciencia masiva, lo que a su vez hizo que el conocimiento y la información se compartieran masivamente.

Debido a la prensa de Gutenberg, el concepto de leer y hacerse rico ya no era dominio privado de los poderosos y los privilegiados. Un hombre común podía disfrutar la misma literatura que un noble podía leer la misma Biblia que la jerarquía eclesiástica y estudiar con los mismos libros de ciencia que los hijos de los aristócratas. En síntesis, la imprenta emparejó el campo de juego entre ricos y pobres.

5. Las 95 Tesis de Martín Lutero (1517)

Nadie prestó mucha atención cuando, en 1517, un monje de 34 años llamado Martin Lutero subió las escaleras de una iglesia católica en Wittenberg, Alemania, hasta que comenzó a clavar en la puerta de la iglesia sus 95 Tesis. ¿Quién podría haber adivinado que ese simple clavo resonaría en todo el mundo durante siglos?

Lo que comenzó como una protesta (la palabra "protestante" viene de la palabra "protestar") contra las políticas del Papa León X, finalizó en uno de los giros de poder más grandes de la historia. Lutero alentaba a todos, no sólo a los miembros de la iglesia, a leer e interpretar la *Biblia* por su propia cuenta, y sus enseñanzas "heréticas" condujeron a la formación del protestantismo.

Los estadounidenses le deben mucho a Lutero, porque 103 años después de que clavara sus 95 Tesis en la puerta de una iglesia, un pequeño grupo de protestantes que se denominaban a sí mismos "puritanos" decidieron huir a Estados Unidos donde podrían practicar libremente su propia rama de protestantismo.

> *Busqué la felicidad en todos lados, pero la encontré únicamente en un rincón, con un libro.*
>
> –Thomas a Kempis

El resto, como se dice, es historia —¡nuestra historia!

6. Las obras y sonetos de Shakespeare (1564-1616)

Las obras y sonetos de William Shakespeare ocupan el segundo lugar entre las obras más citadas del mundo, después de la *Biblia*. Hasta la fecha, se han publicado 250.000 libros sobre Shakespeare o sus obras, y seguramente el número de ensayos y artículos trepe a varios millones.

Ningún otro escritor se aproxima al impacto y popularidad de William Shakespeare. Todo estadounidense que haya ido a la escuela secundaria recordará haber luchado con Romeo y Julieta, Macbeth o Julio César, y si tuvo la suerte de tener un profesor que le infundiera vida a sus brillantes metáforas, entenderá porqué se

> *Las obras escritas influyentes quedan grabadas a fuego en la conciencia colectiva de una cultura, aunque muy pocas personas dediquen tiempo a leerlas.*
>
> —Burke Hedges

lo sigue considerando el escritor más grande del mundo.

Las obras de Shakespeare siguen estremeciendo al mundo porque cualquiera que las lea, más allá de la cantidad de dinero que tenga en el banco, será más rico en sabiduría y en su apreciación de su dominio del idioma inglés.

7. Declaración de independencia de los Estados Unidos (1776)

El 4 de julio de 1776, 56 hombres se reunieron en un caluroso y sofocante salón de Filadelfia para ratificar un documento escrito que enviaría un mensaje muy retrasado en el tiempo: a partir de ese día, los gobiernos se regirían por el consenso de los gobernados. Era el comienzo del fin para las monarquías y dictadores de todo el mundo.

La *Declaración de independencia* fue principalmente la tarea de un solo hombre, Thomas Jefferson, quien escribió la mayor parte del documento en dos días, sin notas ni material de referencia. Su elocuencia era tal que la primera frase resume la filosofía central de todo ciudadano estadounidense:

> Creemos que estas verdades son manifiestas, que todos los hombres son creados iguales, que su Creador les otorga ciertos derechos inalienables, entre los cuales se encuentran la vida, la libertad y la búsqueda de la felicidad.

8. Constitución de Estados Unidos y Carta de derechos (1787-1791)

Este es un dato poco conocido pero que me parece asombroso: la Constitución de Estados Unidos es la constitución escrita más antigua entre las de los países más importantes del mundo.

¿No es sorprendente? Solo tiene alrededor de doscientos años y es la constitución más antigua del mundo. iGuau! ¿qué me dicen del cambio de paradigma?

Antes de la ratificación de la Constitución en 1787, el mundo era gobernado por los caprichos de reyes, dictadores, jefes militares y jefes tribales. En los doscientos años transcurridos desde entonces, virtualmente cada nación de la Tierra ha adoptado una constitución escrita, y no es simple coincidencia que la mayoría de estas naciones (y cada una de las naciones democráticas) mirara la Constitución de Estados Unidos como anteproyecto para crear sus propios gobiernos.

9. Manifiesto Comunista (1848)

Hasta ahora han leído sobre obras que estremecieron al mundo en el mejor sentido de la palabra. Pero este no es el caso de las dos últimas obras de las que hablaremos: el *Manifiesto Comunista* y *Mein Kampf*.

Karl Marx y Friedrich Engels delinearon la plataforma para implementar sus teorías incompletas en un folleto llamado *Manifiesto Comunista*. El documento apoyaba la entrega de la propiedad privada y el final de todas las instituciones existentes. El comunismo se extendió como reguero de pólvora, y desvirtuando la idea originalmente escrita, dictadores despiadados como Stalin en Rusia... Mao en China... y Pol Pot en Camboya, asesinaron a cien millones de personas inocentes en el siglo XX y arrestaron a otros tantos millones ¡y el terror continúa hasta la actualidad!

10. Mein Kampf (1927)

Mein Kampf significa "Mi lucha", y Adolf Hitler escribió la mayor parte de su retorcida filosofía sobre la superioridad aria mientras estuvo preso por liderar un levantamiento contra el gobierno alemán.

Hitler usó *Mein Kampf* para difundir el mensaje de que las personas podían ayudarse a sí mismas odiando a otros y, trágicamente, la mayor parte del pueblo alemán compró sus alocadas teorías con los siguientes dramáticos resultados: seis millones de judíos murieron en campos de concentración junto con varios millones de católicos, gitanos, artistas, enfermos mentales, (y virtualmente todos los que no encajaban en la idea de Hitler de "ideal alemán"). En total, 55 millones de personas perdieron la vida en la Segunda Guerra Mundial.

Meín Kampf demuestra que la palabra escrita tiene el poder de corromper y empobrecer a los lectores, así como tiene el poder de mejorar nuestras vidas y ayudar a enriquecernos. Como dije en un capítulo anterior: eres lo que lees, así que, ¡cuidado con lo que lees!

Allí están, diez obras que estremecieron el mundo... diez obras tan influyentes que han moldeado culturas enteras ¡aunque la mayoría de las personas las hayan leído o no!

Como afirmé antes, no se puede decir eso de un programa de televisión. O de una película. O de un casete de audio.

Si los libros tienen el poder para cambiar culturas enteras, piensa lo que puede hacer un libro por una sola persona... ¡sólo piensa lo que puede hacer un libro por ti!

Por eso le digo a las personas que lo que les ofrecerá una diferencia en la nueva economía sigue siendo la vieja tecnología: ¡libros!

CAPÍTULO 8

Leer y escribir: ¡la más importante tecnología alguna vez inventada!

No poder leer es como un mundo con una sola puerta de ingreso y sin nada adentro... Mediante la alfabetización, me liberé de ese mundo oscuro. Mediante la alfabetización, ahora tengo mil puertas por las que puedo ingresar.

—Ernest Carr, exestudiante del Consejo de Alfabetización de Memphis

Por un momento, trata de imaginar un mundo sin lectura ni escritura.

No habría libros, ni diarios ni revistas (eso es evidente). Pero eso es solamente el comienzo.

Sin lectura ni escritura no habría televisión. Ni películas. Ni lápices o lapiceras. Ni papel. Ni carteles en las calles. Ni direcciones. Ni contratos. Ni mercados de valores. Ni diccionarios. Ni listas de compras. Ni correo. Ni bibliotecas. Ni automóviles.

Ni bicicletas. Ni fábricas. Ni carteles. Ni guías telefónicas. Ni teléfonos. Ni municipalidad. Ni deportes profesionales. Ni tiendas de comestibles (ni ninguna tienda, punto). Ni bancos. Ni cheques. Ni dinero en circulación. Ni mapas. Ni escuelas. Ni calendarios. Ni relojes. Ni aviones. Ni máquinas de escribir. Ni computadoras.

En síntesis, no existiría la civilización tal cual la conocemos. No habría progreso, por decir algo.

Sin la lectura ni escritura, estaríamos estancados en la Edad de piedra.

Activar el potencial humano

Digo que la lectura y la escritura conforman la tecnología más importante alguna vez inventada, porque nos brindó a los humanos la llave para destrabar nuestro potencial oculto. Si no piensas así, lee de nuevo la lista del principio. Si genios indiscutidos como Einstein... o Mozart... o Shakespeare... hubieran nacido antes de la invención de la escritura, ¿hubieran explorado su genial potencial? ¡De ninguna manera! Hubieran estado muy ocupados intentando sobrevivir como para sentarse y pensar en grandes ideas o crear grandes obras de arte. Todo ese potencial se hubiera perdido y, a causa de ello, el mundo sería más pobre.

Leer y escribir nos libera y activa nuestras mentes adormecidas, casi como un catalizador activa una solución química inerte. Sin el catalizador, la solución se queda allí. Si se agrega el catalizador —¡BUM! — hay una explosión de actividad.

Cincelar los bordes desparejos

Si un libro que leemos no nos sacude y nos despierta como un golpe en la cabeza, ¿por qué molestarse en leerlo?

–Franz Kafka

Para ilustrar mejor mi punto de vista, me gustaría contarles una historia verdadera que sucedió hace cientos de años. Un joven escultor italiano llamado Agostino hizo llevar un gran bloque de mármol a su estudio. Tenía grandiosos planes para esculpir el bloque y transformarlo en una estatua maravillosa, pero, lamentablemente, descubrió que era difícil trabajar el mármol. Se sintió frustrado e hizo que lo quitaran de su estudio a fin de tener lugar para un proyecto diferente.

Cuarenta años después, otro escultor italiano llamado Miguel Ángel descubrió el bloque de mármol escondido entre la maleza en un basural. Pidió que se lo enviaran a su estudio.

Miguel Ángel estudió el bloque de mármol durante semanas y juzgó su potencialidad. Lo midió una y otra vez. Comprobó su dureza con sus cinceles. Y esbozó innumerables dibujos. Luego se puso a trabajar. Tres años después, cinceló la última parte del bloque de mármol y pulió suavemente la estatua terminada.

Era la estatua de David.

Verán, Miguel Ángel hizo lo que Agostino no pudo hacer: vio la potencialidad del bloque de mármol y la liberó con su talento y sus cinceles.

Esta historia se aplica tanto a humanos como a bloques de mármol. Al principio somos toscos, incultos y torpes, ¡pero tenemos una potencialidad tan grande! Leer es el cincel que libera plenamente nuestras potencialidades. Leer nos ayuda a tallar los bordes desparejos y a revelar la obra de arte que se esconde en nuestro interior. Sin los cinceles, Miguel Ángel nunca hubiera creado su obra maestra. Y sin la lectura y la escritura, los humanos nunca hubieran podido activar todas sus potencialidades.

¿Qué tiene de mágico leer y escribir?

Tal vez pienses "¿Qué tiene de mágico leer y escribir? No hay diferencia entre ver un programa sobre Winston Churchill y leer un libro sobre él, de cualquiera de las dos maneras, recibo la información, ¿verdad?".

Error.

Verán, no le puse de título a este libro *Vea TV hágase rico* o *Escuche y hágase rico* o *Hable y hágase rico* por una razón válida. Nuestros cinco sentidos, olfato, vista, oído, tacto y gusto, nos permiten explorar y comprendernos a nosotros mismos y a nuestro mundo físicamente. Pero la lectura nos permite explorar y comprendernos a nosotros mismos y a nuestro mundo intelectualmente. ¡Eso es lo que marca la diferencia!

Cuando leemos pasa algo que no sucede cuando recibimos información de otras maneras. Recuerden el subtítulo de este libro:

¡Cómo el poder subyacente en la lectura puede enriquecerte en todas las áreas de la vida!

La frase "el poder subyacente en la lectura" es la clave para comprender lo que distingue a la lectura de toda otra actividad humana. Esos "poderes ocultos" nos pueden transformar de manera única. Y nos pueden ayudar a hacernos ricos en todas las áreas de nuestra vida.

En las próximas páginas haré todo lo posible para explicarles QUÉ son los poderes ocultos de la lectura y POR QUÉ esos poderes (y solamente ellos) pueden activar todo nuestro potencial humano. Una advertencia: parte de la información que van a leer es un poco elaborada, por eso sepan disculparme si por momentos mi forma de escribir parece corresponder a un libro de texto.

Las culturas que no leen están detenidas en el tiempo

Las palabras son, por supuesto, la droga más poderosa que usa la humanidad.

–Rudyard Kipling

La mejor manera de apreciar realmente esta sorprendente tecnología llamada lectura y escritura es ver cómo surgió el alfabetismo y cómo cambió a la civilización.

Antes de la palabra escrita, las culturas estaban detenidas en el tiempo. Se sabe que las culturas no educadas, a las que se suele llamar "culturas orales", no evidenciaron cambios durante miles de años, tal como lo demuestran varias tribus de cazadores y recolectores que se siguen ganado la vida en la selva del Amazonas.

El doctor Walter Ong, experto famoso a nivel mundial en culturas orales y escritas, estima que ha habido decenas de miles de idiomas distintos a lo largo de la historia, pero solamente 106 tuvieron escritura. De los aproximadamente tres mil idiomas que se hablan hoy en día, tan sólo 78 han desarrollado literatura escrita, es decir, novelas, poemas y obras de teatro.

Ong agrega que todas las culturas orales que él conoce quieren aprender a leer y escribir lo antes posible. Parece que las culturas orales comprenden el valor de registrar su lenguaje y reconocen que lo no escrito, por muy sabio o profundo que sea, finalmente se pierde por desuso o alteración.

Por eso digo que la escritura es la tecnología más importante que se haya inventado. La tecnología de la lectura y la escritura les brindó a las culturas una herramienta poderosa para equilibrar su idioma oral y hacerlo mucho más productivo. Leer y escribir les permitió a los primeros humanos cambiar profundamente e ingresar al mundo moderno.

De qué manera la lectura activa el potencial humano

La mayoría de los expertos están de acuerdo en que la escritura se inventó hace casi seis mil años en Egipto o en una zona ahora conocida como Irak o Irán. Aproximadamente en el año 700 a.C., los griegos dieron a su sistema escrito la forma de veinticuatro símbolos que hoy componen el "alfabeto" (palabra derivada de las dos primeras letras del alfabeto griego, alfa y beta).

Al principio, la escritura se usaba principalmente para mantener mejores registros. La escritura les permitía a los comerciantes controlar los cereales y el ganado, permitía que los ciudadanos redactaran contratos, y les permitía a los gobiernos mantener el control de impuestos y leyes escritas.

Al transcurrir los siglos, los griegos descubrieron muchos más usos de la escritura y la lectura. Con el correr del tiempo, los políticos y los comerciantes ricos comenzaron a utilizar la escritura como herramienta para ayudarlos a componer y recordar sus discursos. ¡Y a los griegos les encantaba dar discursos!

Los discursos era la manera que tenían los griegos de comunicar ideas, gobernar sus ciudades-estados, conciliar desacuerdos, y entretenerse. Los certámenes de discursos eran parte de sus Juegos Olímpicos. Ser conocido como gran orador era uno de los logros más importantes de la Grecia antigua.

En el año 350 a.C., casi todos los pensadores y políticos de Atenas sabían leer y escribir. Eso les permitía componer y perfeccionar su propio material, y ensayar y memorizar sus discursos antes de aparecer en público. Con el tiempo, todo ciudadano destacado, así como muchos esclavos, aprendieron a leer y escribir. Y a medida que el número de alfabetizados aumentaba, los griegos activaban más y más su potencial humano. No es casualidad que todos los grandes pensadores, filósofos y dramaturgos de la antigua Grecia pudieran leer y escribir.

Irónicamente, los antiguos griegos no comprendían el poder liberador de la lectura y la escritura, ¡sin embargo sus obras sentaron las bases para liberar al mundo! Sócrates y Platón, por ejemplo, afirmaban que un orador era superior a un texto escrito porque la escritura no podía defenderse ni elaborar ideas si un lector la desafiaba. Pero Sócrates y Platón, aunque fueron grandes pensadores, no llegaron a comprender el poder subyacente en la lectura y la escritura ¡No comprendieron que leer y escribir tenían el poder de expandir el potencial del ser humano al transformar nuestra manera de pensar!

Leer y escribir expanden nuestros poderes mentales

Actualmente, se sabe que ciertos poderosos patrones de pensamiento permanecen inactivos en las personas hasta que ellas logran incorporar a sus mentes el complejo proceso de leer y escribir. Es como si la alfabetización fuera una hormona poderosa que, mágicamente, podría activar nuestras mentes de forma tal que pudiésemos crecer hasta nuestra máxima potencialidad intelectual. El Dr. Ong lo dice de esta manera:

Sin la escritura, la mente culta no pensaría ni podría hacerlo como lo hace... aún cuando compone sus pensamientos de manera oral. Más que cualquier otra invención, la escritura ha trasformado la conciencia humana.

Según el doctor Ong, los patrones de pensamiento de las culturas orales son menos versátiles que los de las culturas alfabetizadas. Los miembros de culturas orales no organizan sus pensamientos de acuerdo con ciertos patrones mentales primordiales, como lo hacen las personas alfabetizadas.

Las culturas orales, por ejemplo, no organizan sus pensamientos en términos de comparación y contraste o causa y efecto. No piensan en términos de definiciones y de clasificación por categorías. No pierden tiempo en autoanálisis. No inventan formas geométricas en su cabeza ni siguen procesos de razonamiento lógico. No piensan en términos de descubrir a través de "llevar a cabo una investigación". No buscan confirmar conocimientos previos ni descubrir nuevos datos "rastreando algo", "investigando hechos", "haciendo lo que corresponda", y "pensando sin esquemas", como hacen las culturas instruidas.

Culturas orales y el *status quo*

Por su propia naturaleza, las culturas orales son conservadoras y resistentes al cambio, porque su objetivo no es buscar nuevas verdades ni desafiar la tradición, sino preservarla. Las culturas orales han aprendido a apoyarse en mecanismos mentales que facilitan recordar y transmitir la cultura a la generación siguiente. Por esta razón, gran parte de la conversación de las culturas se centra en enumeraciones, repeticiones, rimas, proverbios, dichos, e historias comunes sobre antecesores valientes.

> *Cuando leo un libro, ya sea sabio o tonto, me parece que está vivo y que me habla.*
>
> –Jonathan Swift

El idioma del Antiguo Testamento es un ejemplo perfecto. Mucho de lo escrito en el Antiguo Testamento fue transmitido en forma oral miles de años antes de que los escribas judíos lo registraran. Cuando leemos en el 1er. Libro de Crónicas, 37-38: "Zabad engendró a Efal, Efal engendró a Obed, Obed engendró a Jehú, Jehú engendró a Azarías" y así sucesivamente, vemos cómo los miembros de una cultura oral usan la enumeración y la repetición como ayuda para recordar su genealogía y así pasarla a sus descendientes.

En las culturas orales, no suelen existir librepensadores como Sócrates, quien andaba por ahí desafiando los valores y suposiciones básicas de la gente. Y si de verdad llegaran a existir personas como Sócrates en una cultura oral, se los asesinaría o se los desterraría, porque significarían una amenaza a la tradición oral. No es de extrañar que Sócrates fuera acusado de "corromper a los jóvenes de Atenas" y condenado a muerte. Su aproximación literaria al pensamiento y a la resolución de problemas era demasiado amenazadora para los políticos griegos, porque la mayoría de ellos todavía estaban sujetos a una cultura oral.

Las preguntas que hacemos cuando leemos

Los grandes filósofos, escritores y matemáticos griegos elaboraron una nueva manera de mirar el mundo, porque leer y escribir expandió sus mentes y les dio nuevas y frescas perspectivas para ver el mundo. Aunque dos mil años nos separan de los grandes pensadores, leer todavía tiene el poder de transformarnos al activar más de nuestra potencialidad.

Tómate un momento para revisar tus procesos de pensamiento mientras lees este libro. A medida que leías el párrafo anterior, tu mente iba y venía entre estar de acuerdo con lo que yo decía y criticar, evaluar, defender, comparar, desafiar, aclarar, reflexionar, probar, disentir y demás. Las culturas que no leen no se preocupan por este tipo de gimnasia mental.

Pero nosotros, simplemente damos por sentado estas sofisticadas funciones mentales. No intentamos conscientemente pensar de determinada manera cuando leemos. Nos parece instintivo. Está escondido hasta que alguien nos llama la atención sobre ello. Podemos pensar acerca de un mensaje escrito de maneras en las que las personas de culturas orales nunca podrían pensar acerca de un mensaje oral, porque la lectura libera esos poderes ocultos en nuestras mentes. En síntesis, cuando leemos y escribimos, abrimos puertas que nos habilitan para desarrollar funciones mentales que no podíamos realizar antes, lo que, a su vez, nos permite aprovechar mejor nuestro potencial humano. Y cuando usamos más nuestra potencialidad innata y otorgada por Dios, nos estamos haciendo ricos.

¿Ahora comienzan a entender lo que realmente significa la expresión "Lea y hágase rico"? No "escuche y hágase rico". No "hable y hágase rico". ¡Sino LEA y hágase rico!

Japón feudal: congelado en el tiempo

Cuando comencé este capítulo, afirmé que las culturas orales permanecen congeladas en el tiempo. El mejor ejemplo es el Japón antiguo. La profunda transformación de Japón de un estado feudal aislado y estático a una superpotencia internacional dinámica es testimonio del poder de la lectura y la escritura.

Al igual que Europa, Japón surgió de una tradición feudal. Europa tenía reyes, Japón tenía emperadores. Europa tenía barones, Japón tenía shogunes. Europa tenía caballeros, Japón tenía guerreros samurái. A principios del siglo XVII, Japón decidió preservar su cultura descartando toda influencia extranjera. Se prohibieron todos los inventos occidentales, incluso las armas. Se expulsó del país a todos los extranjeros, inclusive a los misioneros cristianos. Unos pocos shogunes ricos y literatos gobernaban con mano de hierro a millones de campesinos pobres y analfabetos. Este sistema se mantuvo sin cambios durante los siguientes 250 años.

Japón estaba congelado en el tiempo.

El comodoro Perry rompe el hielo

En 1853, el escuadrón de cuatro barcos a vapor del comodoro Perry ingresó a la bahía de Tokio haciendo bulla, y exigió que Japón rompiera su aislamiento y comerciara con el mundo exterior. Los sorprendidos japoneses nunca habían visto nada como la flota de Perry, y llamaron a sus barcos "volcanes flotantes". La exhibición estadounidense de superioridad técnica asombró a los shogunes, y les hizo admitir que Japón debía ingresar al siglo XX o quedar rezagado. Poco tiempo después de la visita de Perry, Japón abrió sus puertos y comenzó a modernizarse consolidando el país y eliminando en etapas los privilegios de la nobleza feudal.

A fines del siglo XIX, Japón había adoptado una constitución escrita y había convertido en obligatoria la educación popular. En 1905, el 95% de los niños japoneses asistía a escuelas estatales; una generación después, la tasa de alfabetización de Japón era una de las más altas del mundo. En 1915, apenas sesenta años después de que el comodoro Perry le obligara a abrir las puertas de su aislada cultura, Japón fue reconocido por Occidente como una superpotencia mundial.

Japón lee y se hace rico

Ahora, permítanme hacerles una pregunta. Si Japón no hubiera hecho un esfuerzo nacional por enseñarle a millones de niños campesinos a leer y escribir, ¿cree usted que el país podría haber pasado de ser una cultura antigua y aislada a ser una superpotencia internacional y moderna en sesenta años?

¡De ninguna manera!

Sí, claro, Japón usó a sus campesinos analfabetos para construir su infraestructura moderna, haciendo carreteras, instalando líneas telefónicas y tendiendo líneas férreas. Pero fueron los hijos literatos de los campesinos los que leyeron y se enriquecieron. Los niños instruidos crecieron y se convirtieron en contadores, directores generales, empresarios, políticos, educadores y banqueros, y ellos son los que escoltaron a Japón al siglo XX. Si Japón no hubiera tenido la visión de enseñarle al pueblo a leer y escribir, se hubiera desarrollado al estilo de China, antes que al de Estados Unidos y otras naciones modernas industrializadas.

¿Está usted congelado en el tiempo?

Tal vez te preguntes: ¿Qué tiene que ver conmigo una clase de historia sobre Japón?

Todo.

Lo que quiero decir es esto: si en unas pocas décadas, gracias a la tecnología de la lectura y la escritura, toda una cultura puede transformarse, ¡piensa lo que dicha tecnología puede hacer por un solo individuo!

Si Japón puede leer y hacerse rico, ¿no es razonable que tú también puedas? Japón eligió quedarse congelado en el tiempo hasta que el comodoro Perry derritió el hielo de su presunción. Les abrió los ojos al hecho de que el resto del mundo navegaba hacia el siglo XX, y ellos debían cambiar...o serían cambiados.

La escritura ha transformado la conciencia humana mucho más que cualquier otro invento.

–Dr. Waher Ong

Se le debe reconocer a Japón el haber tenido la sabiduría y la disciplina para cambiar aprovechando las ventajas de la tecnología más importante que se haya inventado. Eligieron leer y enriquecerse.

Bien, ahora mismo, un comodoro Perry "virtual" echa vapor en nuestras vidas. Pero en lugar de que la Armada de Estados Unidos caiga sobre nosotros, se nos acercan los barcos de la Era de la Información con una carga de "impacto futuro" y cambio rápido en nuestras vidas. Podemos ignorar (o peor aún, negar) los "volcancs flotantcs" y suponer que se irán. O podemos hacer lo que hizo Japón: activar toda nuestra potencialidad leyendo y creciendo.

Como Japón, podernos cambiar o ser cambiados. La elección está en nuestras manos. Podemos negarnos a crecer y ocupar nuestro tiempo viendo televisión o escuchando radio, y elegir quedar congelados en una cultura oral hecha por nosotros mismos.

O podemos crecer y ocupar nuestro tiempo en leer y en activar toda nuestra potencialidad mental, eligiendo aprovechar las ventajas de un "mundo electrónico" en constante cambio que rebosa de información y oportunidades.

En lo que a mí respecta, he hecho un compromiso de por vida de leer y hacerme rico hace casi doce años, cuando mi cuñada me dio un ejemplar de *El vendedor más grande del mundo*.

Nunca me arrepentí de esa decisión ni por un segundo.

Y tú tampoco lo harás.

CAPÍTULO 9

En la mente de un lector

Un libro debe ser el hacha para el océano congelado que tenemos dentro nuestro.

—Franz Kafka

A un monje católico llamado *Dom Pérignon* se le atribuye el descubrimiento accidental del vino blanco espumante que conocemos como champaña.

Cuando el primer trago del vino burbujeante estalló en la boca de Dom Pérignon, se sorprendió tanto por el gusto carbonatado que les gritó a sus compañeros monjes:

"Hermanos, vengan rápido, ¡estoy saboreando estrellas!".

Cualquiera que haya bebido champaña para celebrar una ocasión especial estará de acuerdo en que esa es una metáfora adecuada para describir la experiencia. También es una metáfora para describir lo que sucede en la mente de los lectores cuando se encuentran con una frase pulida o una buena percepción profunda de un libro.

Leer con profundo discernimiento es el equivalente mental de "saborear estrellas".

De visión a percepción

¿Alguna vez leyeron una oración o un párrafo que contiene una verdad tan profunda que salta de la página y lo golpea en la frente... PUM?

Cuando vacié el cajón superior de mi mente, encontré un libro.

–George Jessel

Tal vez te digas: "!Eso es exactamente lo que pensaba pero no podía expresarlo en palabras!".

"¡Nunca lo pensé de esa manera antes! ¡Eso es tan cierto! ¡Es así!".

Todo lector ha experimentado momentos especiales como esos en los que la palabra escrita nos trasforma inmediatamente. Estos momentos de percepción profunda nos despiertan de nuestro sueño de presunción y nos empujan a crecer, como una planta que emerge de la oscuridad del suelo y se eleva hacia la luz del sol.

La escritora Dorothea Brande describe la experiencia de esta manera:

Encontré la idea que me liberó. No la estaba buscando de manera consciente. Estaba investigando un tema diferente. Pero encontré una oración tan iluminadora en un libro que estaba leyendo, que dejé de lado el libro para analizar todas las ideas que sugería esa oración. Cuando volví a tomar el libro, era una persona diferente.

"Era una persona diferente". ¡Qué buena oración! Comprendo perfectamente lo que quiere decir Dorothea Brandé porque eso me pasó a mí cuando terminé de leer *El vendedor más grande del mundo*, era una persona diferente.

La observación de Brande capta la esencia de *Lea y hágase rico*. Todos hemos leído algo tan conmovedor o iluminador que instantáneamente cambió nuestra manera de mirar al mundo. Me ha sucedido muchísimas veces.

Ese es uno de los poderes ocultos de la lectura. Nos puede transformar y hacernos diferentes —y mejores— de lo que éramos unos minutos antes. Y, cuando mejoramos, nos hacemos más ricos, ¿verdad?

Leer: el milagro mental

En una ocasión le pidieron a Mark Twain que explicara el concepto de milagro. Hizo una pausa antes de responder: "es un milagro que no me derrita cada vez que me baño". El comentario irónico de Twain no ganará ningún premio de ciencias, pero destaca una verdad universal. Algunas cosas son tan complejas y misteriosas que es mucho más fácil experimentarlas que explicarlas.

Leer es así. El proceso de mirar símbolos negros sobre una página blanca y extraer de ellos algún significado, es increíblemente complejo y no se presta a una explicación sencilla.

¿Alguna vez te detuviste a pensar lo que sucede dentro de tu mente cuando lees? Hace doce años que soy un ávido lector y nunca tuve en cuenta esa pregunta hasta que comencé a investigar para este libro. Lo que aprendí me sorprendió y me fascinó, y me hizo sentir un respeto nuevo por la complejidad del proceso físico y mental que llamamos lectura.

Leer es a la mente lo que el ejercicio al cuerpo.

–Anónimo

Durante el resto de este capítulo, analizaremos los poderes ocultos de la lectura. Aprenderán las respuestas a algunas preguntas clave, como: ¿Qué sucede dentro de nuestras mentes cuando leemos? ¿Qué tiene la lectura que le permite transformar vidas? ¿Qué hace diferente a la lectura de ver televisión o escuchar un discurso en casete?

¿Qué nos sucede físicamente cuando leemos?

Comencemos con un breve análisis de lo que sucede físicamente cuando leemos. Antes de mi investigación, pensaba que mis ojos iban con suavidad del extremo izquierdo de la página al derecho cuando leía. No es verdad. Sorprendentemente, nuestros ojos saltan por la página de cien a doscientos grados tres a cuatro veces por segundo. Estos saltos son tan rápidos que ni te das cuenta. La lectura real sucede en las breves pausas entre dichos saltos, porque durante las pausas las imágenes de los símbolos impresos son enviadas a nuestro cerebro, donde se decodifica el significado.

Este proceso de decodificación es increíblemente complejo y veloz como un relámpago. De hecho, cada parte del proceso de leer es tan complicado como pensar, por lo que el clásico manual *La psicología de la lectura* lo define como "pensamiento guiado visualmente". Veamos algunas de las funciones mentales que ocurren casi simultáneamente mientras lees estas oraciones.

> *El verdadero propósito de los libros es atrapar la mente para que piense por su cuenta.*
>
> –Christopher Morley

Tú ves marcas en la página y descifras patrones (palabras solas o una frase de varias palabras) almacenados en tu memoria. Decodificas esas marcas, les asignas imágenes mentales y luego almacenas esas imágenes en tu memoria de corto plazo en el tiempo que tardas en chasquear los dedos. Luego vas y vienes explorando en tu memoria de corto y largo plazo en busca de experiencias o asociaciones que se puedan unir a esas nuevas imágenes mentales.

Cuando lees la palabra "CAPITAL" en esta oración, por ejemplo, miras el contexto escrito para saber si quiere decir "patrimonio financiero" o "poblado principal y cabeza de un estado".[1]Durante los pocos segundos que lleva leer la primera frase de este párrafo, las neuronas de tu cerebro explotan como maíz inflado, realizando complejas funciones mentales a la velocidad de un rayo, como recordar, imaginar, razonar, conectar, revisar, formular hipótesis, probar mediante ensayo y error, mientras a la vez compara los símbolos impresos con tu conocimiento de gramática

[1] *El autor no utiliza la palabra CAPITAL, sino WIND (Viento y DAR CUERDA —al reloj). Dado que en castellano viento no tiene dos aceptaciones, la traductora utiliza otro ejemplo con igual sentido (Nota de la traductora).*

y escritura, experiencias personales, memorias, interpretaciones posibles, falsos comienzos y relecturas. ¡Guau!

¡Y pensar que todo esto sucede en un abrir y cerrar de ojos! ¡Es milagroso!

Convertir en propio el texto escrito

Lo que acabo de describir representa un solo nivel del proceso de lectura. A medida que nos convertimos en lectores más experimentados, expandimos nuestro repertorio mental e incluimos un "pensamiento guiado visualmente" más sofisticado. Mientras leemos podemos estar de acuerdo o en desacuerdo, compadecer, criticar, reír, memorizar, repetir, absorber, despreciar, documentar, adoptar, atacar y demás. En otras palabras, probamos lo que leemos para saber qué mensajes escritos se incorporarán a nuestra propia filosofía y cuáles descartaremos. En esta etapa, no leemos las palabras simplemente para comprender su significado. Hacemos nuestro el texto.

Si te parece que toda esta gimnasia mental representa mucho trabajo, tienes razón. Cuando lees, haces una gran inversión de tiempo y esfuerzo. Y esa inversión es precisamente lo que convierte a la lectura en una actividad tan valorada.

Verás, a diferencia de ver televisión o de escuchar a alguien hablar, leer requiere un grado más alto de participación mental, porque debemos crear y recrear activamente el significado. Cuando miramos televisión, no usamos mucho nuestra imaginación. Las imágenes en movimiento y el sonido llenan nuestros sentidos, reduciendo nuestra participación mental. La televisión es un medio que nos alienta a ser pasivos.

Por otro lado, cuando leemos, tenemos que crear nuestras propias imágenes mentales. Controlamos el ritmo. Nos detenemos y volvemos a leer. Clasificamos y controlamos toda información nueva comparándola con la que ya tenemos. Como un escultor dando forma a la arcilla, le damos forma al texto que estamos leyendo, presionando con énfasis en ciertas partes, mientras pasamos suavemente sobre otras. Eso es lo que quiero decir cuando digo que hacemos nuestro el texto.

Valoramos lo que ganamos

Es curioso lo que sucede con la naturaleza humana: todos buscarnos atajos y una salida fácil, pero lo que más valoramos en la vida son las cosas por las que trabajarnos. ¿notaste esto: los juguetes que sus padres te regalaron eran los que se dejaban en la casa de un amigo o los que se perdían en la lluvia? Pero los juguetes que comprabas con tu dinero ganado trabajando eran los que cuidabas, ¿verdad? Se puede decir lo mismo de la inversión en lectura.

Es como la historia de la chica rica malcriada que quería un Corvette de regalo cuando cumpliese dieciséis años. Le repetía a su padre, un millonario conservador que había logrado todo con su propio esfuerzo, que, para su cumpleaños, solo un Corvette le vendría bien. ¡Moriría si no recibía su Corvette! Cuando la jovencita llegó del colegio a su casa el día de su cumpleaños, su padre la recibió en la entrada, la abrazó y le dijo: "Querida, tengo algo muy especial por tu cumpleaños. Está en el garaje. ¿Por qué no vas a mirarlo?".

La joven corrió hacia el garaje, abrió la puerta de par en par y se detuvo de repente con una mirada de total sorpresa. Sí, había un Corvetee nuevo, rojo brillante. Pero estaba totalmente desarmado, incluso el motor. ¡Todas las partes estaban diseminadas en el piso!

Sobre el automóvil había un juego de llaves, con la tarjeta de un mecánico y una nota escrita por su padre:

"¡Feliz cumpleaños! Llama a este mecánico para que te ayude a armar el automóvil. Cuando termines, es todo tuyo. Con cariño, papá."

Ahora viene la mejor parte de la historia: la joven y el mecánico trabajaron noches y fines de semana durante tres meses para rearmar el Corvette. Cuando terminaron, la niña rica, con una sonrisa de oreja a oreja, sacó su brillante Corvette rojo del garaje. Nadie estuvo nunca tan orgulloso de un automóvil.

No sorprendió a nadie que la rica niña cuidara tan bien su Corvette. Lo mantenía impecable. Solamente lo manejaba ella. Y cuando creció, se casó y tuvo sus propios hijos, ¿adivinen qué automóvil conducía todavía? Sí, adivinaron: un Corvette de quince años de antigüedad en perfecto estado.

Obtener conocimiento a la antigua usanza

Esta historia destaca una verdad universal: valoramos aquello por lo que trabajamos. Eso es lo que sucede también cuando obtenemos información leyendo libros: la valoramos más. A diferencia de programas de televisión o de grabaciones en video, para leer se debe trabajar. Debemos concentrarnos. Debemos usar nuestra imaginación. Debemos hacer un esfuerzo. Como resultado, le damos más valor a lo que aprendemos leyendo, porque la inversión mental es más grande.

Por favor, no me malinterpreten, no digo que no se puede aprender nada de discursos, videos y casetes... o inclusive de la televisión, para el caso. Todas son buenas fuentes de información. Pero ¿alguna vez se dieron cuenta de que recuerdan mucho más si tomaron notas durante un discurso y las leen unos días después? ¿Por qué? Porque cuando escribimos y luego lo leemos, estamos haciendo el equivalente mental de desarmar nuestro Corvette y volver a armarlo. En otras palabras, estarnos haciendo nuestro el texto.

Hacer propio un libro

Años atrás, el gran escritor estadounidense Ernest Hemingway reconoció que leer libros crea un sentido especial de pertenencia en el lector. Esto es lo que dijo:

> Todos los buenos libros se parecen en que son mucho más reales que si realmente hubiesen sucedido y, una vez que uno termina de leerlos, sentirá que todo le sucedió a uno, y luego todo le pertenece.

Uno lee para hacer preguntas.

–Franz Kafka

Por eso nos sentimos mucho más completos después de haber leído un libro que después de ver un programa de televisión o escuchar un casete de audio. Cuando leemos un libro "nos pertenece" porque nos lo ganamos. Me satisface más terminar de leer un libro que ver una película o un video, y el mensaje permanece conmigo por más tiempo.

Es evidente que toda nuestra cultura le da más valor a la lectura como manera de reunir información que a cualquier otro medio. La lectura ha pasado a ser una parte tan integral de nuestra manera de pensar, que ha generado decenas de expresiones de uso diario. Aquí van unas pocas que acuden prontamente a mi mente:

Puedo leerte como a un libro

Leer entre líneas

Dar una lectura al asunto

Lectura de las palmas de las manos.

¡Tu vida es de libro!

Hablar como un libro abierto

Libro del amor

Colgar los libros (abandonar los estudios)

¡... de libro! (con las características más típicas, ej.: ¡un gol de libro!)

Leer los rostros

Lee mi expresión.

Estas metáforas demuestran que la lectura se ha interiorizado y elevado a tal grado en nuestra cultura, que se ha hecho parte de nuestro subconsciente. En otras palabras, leer es una parte tan importante de nuestras vidas que ¡ni siquiera podemos pensar sin pensar en la lectura!

El gran comediante George Jessel lo dijo así: "Cuando vacié el cajón superior de mi mente, encontré un libro".

Noten que no encontró una película. Ni una canción. Ni un discurso. Encontró un libro.

CAPÍTULO 10

Eres lo que lees (así que sé cuidadoso con lo que lees)

La lectura es el telar en el que se tejen las prendas de nuestro interior. La lectura de mala calidad viste a nuestra mente y corazón con prendas burdas.

—A.P. Gouthey

Estoy viendo una tira de la historieta del dibujante Bil Keane que dice mucho acerca del reto más grande que enfrentamos en la Era de la información.

En la historieta, Dolly, la niña de tres años, está arrodillada al pie de su cama rezando antes de irse a dormir. Tiene las manos unidas bajo el mentón, ojos cerrados y la cara levantada mirando el cielo. Su oración dice: "no nos dejes caer en la tentación y líbranos del e-mail...".

Me río entre dientes de la confusión de Dolly con el Padrenuestro, porque substituye la palabra "mal" por "e-mail". Pero cuanto más miro la tira, me doy cuenta de que existe otra interpretación. Esta historieta, en apariencia inocente, capta la esencia de un problema de los adultos en la de la información: la sobrecarga informativa. Todos nos quejamos de la cantidad de "correo basura" con la que debemos lidiar. Pero los mensajes por correo electrónico ya superan al correo normal en una proporción de diez a uno, ¡y la Internet recién comienza! Lo único que sabemos es que el futuro nos traerá más sobrecarga informativa, no menos.

En las próximas páginas, vamos a analizar en profundidad la sobrecarga informativa: qué es, qué la causa y qué significa para ti y para mí. Luego, hablaremos de algunas estrategias para filtrar información dañina o inútil mientras conservamos la información que pueda ayudarnos a enriquecer nuestras vidas.

Sobrecarga informativa: desafío del siglo XXI

"Líbranos del e-mail" fácilmente podría convertirse en el eslogan del siglo XXI. No es que el correo electrónico sea malo iEs genial! Simplemente es un símbolo de la creciente marea de información con la que a todos nos toca lidiar.

¿Tienen una mínima idea de la cantidad de mensajes de correo electrónico que se envían por año? ¿se animarían a decir diez millones? ¿Mil millones? ¿Cien mil millones? La respuesta los va a sorprender. *Actualmente se envían y reciben más de un billón de mensajes por correo electrónico... y se espera que ese número se cuadruplique en los próximos años, ¡ya que siete personas por segundo se suscriben a Internet!*

Debemos enfrentarlo, luchamos para evitar ahogarnos en una agitada marejada de información. Flotamos en un océano de correo basura, catálogos de compra por correo (en Estados Unidos existen 37.000 catálogos), documentos legales, memorandos e informes, publicidades de radio y televisión, comerciales informativos, faxes, llamados telefónicos, mensajes de correo de voz, carteleras... correos electrónicos y sitios web mundiales, y más de cien canales de televisión (y el número sigue creciendo más y más).

Incluso hemos acuñado expresiones para describir este fenómeno de demasiada información y muy poco tiempo para procesarlo todo. Estas son las más populares:

Sobrecarga informativa.

Ansiedad de información.

La explosión informativa.

Infomanía.

Información contaminante.

Todas estas expresiones recientemente acuñadas indican que actualmente estamos abrumados de información, algo bastante irónico si consideramos que en el siglo XX la falta de información era un desafío mucho más grande que la sobrecarga informativa. ¡Los expertos nos informan que la edición del fin de semana del *New York Times* contiene más información que la que una persona normal hubiera recibido durante toda su vida en el siglo XVII!

Al detenernos a pensar, resulta bastante sorprendente el hecho de que la Era de la información recién está surgiendo a la vida. Ni siquiera es una adolescente. De hecho, ¡es nada más que una criatura!... ¡y está creciendo más rápido que el bebé Godzilla!

Explosión en Internet

Piensa en esto: a la radio le llevó 38 años llegar a tener cincuenta millones de oyentes. A la televisión le costó trece años alcanzar esa marca. Pero a la Internet ¡le tomó solamente cuatro años contar con cincuenta millones de usuarios!

Mientras escribo esto, 175 millones de usuarios están conectados a Internet, de los cuales cien millones pertenecen a Estados Unidos y Canadá solamente. IDC, una empresa de investigación sobre la Internet, predice que habrá 320 millones de usuarios conectados en el año 2002, y que en el 2010 Internet será el centro de la vida de mil millones de personas, es decir, ¡una de cada seis personas que habitan el mundo!

> *La elección de libros,*
> *como la de amigos,*
> *es una tarea seria.*
> *Somos tan responsables*
> *por lo que leemos como*
> *por lo que hacemos.*
>
> –John Lubbock

Eso quiere decir que una sexta parte de la población mundial tendrá acceso inmediato y a bajo costo a bibliotecas, museos, sitios web, negocios, investigación científica, e individuos de todo el mundo ¡y eso es solamente la punta del iceberg! ¡El grueso de la información en Internet se duplica cada seis meses!

Hablemos de explosión informativa. Somos testigos presenciales de la explosión de la bomba de Internet, a la que llamo "bomba I". Esta bomba I es para la Era de Información lo que la bomba atómica fue para la Segunda Guerra Mundial: ¡todo y el final de todo! Antes de que todo termine, la precipitación del hongo de la bomba I alcanzará a miles de millones de personas en todo el mundo.

"Estupidizar" a los medios

La explosión informativa significa que la cantidad de información aumenta a velocidad astronómica. ¿Pero qué sucede con la calidad de información? Si recibimos más información, ¿podemos decir que está mejorando?

En una palabra, no. Escríbanlo con mayúsculas, ¡NO! (con signos de exclamación).

Trágicamente, hay una relación inversamente proporcional entre la cantidad de información disponible para nosotros y la calidad de esa información. Este es el motivo:

La Internet surgió de la nada y captó 175 millones de usuarios en pocos años. Como resultado de su creciente popularidad, las tres grandes industrias de medios (televisión, radio y periódicos) pierden clientes rápidamente. El encendido de televisión cayó hasta un 28% en algunos mercados. La radio perdió un 1896 de oyentes. La circulación de diarios cayó 66% desde 1950 y las ganancias por avisos clasificados, que constituyen una porción importante de los ingresos de los periódicos, están cayendo en picada.

Ahora bien, te hago una pregunta: ¿crees que los gerentes de la ABC, la Turner Broadcasting y del New York Times van a hacerse a un lado y dejar que la Internet se lleve su comida?

De ninguna manera.

Van a pelear de la única manera que saben, apelando a nuestros instintos más básicos. Imaginan que la única manera de destacarse de la competencia es ser más depravado, crudo y chillón que el otro. Entonces siguen "estupidizando" su programación bajando los estándares cada vez más. El resultado es la televisión basura simbolizada por programas como el *Show de Jerry Springer*, periodismo amarillo, adoración a los famosos, explotación comercial del sexo y películas "censuradas", aumento de la desnudez y la publicidad controvertida y campañas publicitarias cada vez más pobres de contenido.

¿A alguien le importa realmente que Dennis Rodman se ponga un vestido de novia y se case con él mismo? Entonces, ¿por qué está en la tapa de todos los periódicos del país? ¿Por qué Barbara Walters lo entrevista en televisión? ¿Por qué Hollywood le paga millones de dólares por aparecer en una película? ¿Por qué una importante editorial le entrega millones como adelanto por su "autobiografía" (que, dicho sea de paso, él mismo dijo que nunca leyó, aunque se supone que la escribió)? ¿Por qué tanta atención de los medios? Porque Dennis Rodman es escandaloso, obsceno y crudo, y los medios masivos saben que lo escandaloso, obsceno y crudo, vende.

Es decir, vende si la gente lo compra.

Y, amigos, yo no compro eso.

Es basura. Y yo no elijo comprar basura. Elijo descartarla.

Basura entra, basura sale

En el mundo de la computación, se originó una expresión en inglés que podría traducirse al castellano como "basura entra, basura sale", que también se aplica a nosotros los humanos en nuestro intento de seleccionar entre la sobrecarga informativa e identificar lo que nos pueda ser útil. "Basura entra, basura sale" significa que lo que sale de una determinada computadora (*output*), será tan bueno como lo que se le ingresa (*input*). Si alguien ingresa datos erróneos en una computadora, entonces la impresión reflejará los errores. "Basura entra, basura sale".

Lo mismo se aplica a los humanos. Las personas que leen prensa sensacionalista semanal para enterarse de los últimos chismes de famosos de Hollywood, o que pasan horas mirando reestrenos o repeticiones por televisión, llenan sus mentes y sus corazones de basura. "Basura entra, basura sale" significa que los humanos pensarán y actuarán de acuerdo con la información que reciben. Si incorporas un lenguaje negativo y mal intencionado, y una visión cínica del mundo, hablarás y actuarás de esa manera. En síntesis, eres lo que ves, lo que escuchas, lo que lees.

> *Un hombre aprende solamente con dos cosas: una es la lectura y la otra es el contacto con personas más inteligentes.*
>
> –Will Rogers

Eliminar la información perjudicial

El peligro de la Era de la información es que pasamos demasiado tiempo reuniendo información inútil o dañina en lugar de información que nos ayude a crecer. Si te tomas en serio el hacerte rico en todos los aspectos de la vida, debes comenzar a eliminar la información basura y alimentarte con mensajes positivos y edificantes. ¡No se puede leer cualquier cosa y hacerse rico!

¿Cuál es la respuesta entonces? El primer paso es tomar conciencia. Debemos estar alertas ante el problema de la contaminación informativa y hacer un esfuerzo consciente por separar la información mala de la buena. Debemos estar vigilantes y evitar la admiración por los chismes... lo glamoroso... las tonterías... y la basura. David Shenk, autor de *Contaminación de datos. Sobrevivir a la sobrecarga informativa (Data Smog. Surviving the Information Glut)*, sugiere una audaz solución para permitir el ingreso de los mensajes positivos y, a la vez, filtrar de forma efectiva los negativos:

A la radio le llevó 38 años llegar a tener cincuenta millones de oyentes. A la televisión le costó trece años alcanzar esa marca. ¡Internet llegó a los cincuenta millones de usuarios en cuatro años!

"Cancela el servicio de televisión por cable, y usa eso (el dinero mensual) en uno o más libros buenos. Los libros son lo contrario de la televisión: son lentos, atractivos, inspiradores, estimulan la inteligencia y la creatividad".

"A la vez, deberías pensar en limitar la cantidad de horas que pasas conectado a Internet por semana o, al menos, equilibrar la cantidad de tiempo que pasas conectado con el tiempo que pasas leyendo libros".

Shenk está en el camino correcto, pero, honestamente, creo que la solución que él propone para evitar la contaminación informativa es demasiado irreal. Como dije anteriormente, no toda la televisión es mala. (Además, todos los televisores que conozco tienen un botón de encendido/ apagado. Muchas personas necesitan usar el botón de apagado más seguido). En lugar de cancelar el servicio de televisión por cable, necesitamos disciplinarnos y ver programas constructivos, en lugar de aquellos que nos destruyen.

En cuanto a reducir la cantidad de tiempo que se pasa en Internet, opino que todo depende de lo que hagas en Internet. Al igual que la televisión, no toda la Internet es mala. Lo bueno o lo malo surge de cómo la usamos. Si usamos la Internet para leer y hacernos ricos, francamente no se me ocurre un medio mejor, porque la información disponible en Internet de veras puede hacerte rico ¡tanto literal como figurativamente!

Un caso de lectura guiada

Creo de verdad que la mayoría de la gente quiere mejorar su vida. Quieren hacerse ricos en todos los aspectos de sus vidas. Pero no saben por dónde comenzar. Creo que más personas leerían libros positivos y edificantes si supieran qué libros leer y dónde conseguirlos.

Eso es lo bueno de pertenecer a un grupo de lectura o a un club de libros. Una persona con experiencia y conocimiento te guiará a través de la sobrecarga informativa eligiendo libros para que leas. A cambio, accedes a información que puede mejorar y realzar tu vida. En síntesis, información que te puede enriquecer.

Existe una innumerable cantidad de clubes del libro del mes adecuados a diferentes necesidades. Existen al menos doce clubes del libro principales, y cientos, o tal vez miles, de clubes más pequeños. Hay algunos relativos a libros de historia. Otros religiosos. Deportivos, artísticos, biográficos, literarios, sobre la Segunda Guerra Mundial... de cocina... de crecimiento personal. Nombra un tema y seguramente tendrás un club de libros.

Inclusive las grandes empresas se suben al tren del libro del mes. IBM organizó un club voluntario del libro llamado *Club del libro del centro de ventas de América del Norte*. "Queremos ser una organización de aprendizaje y el libro es un paso hacia ese objetivo", afirma un gerente de IBM.

Tal vez el club del libro más famoso de Estados Unidos (el Club del libro de Oprah Winfrey) no se deba considerar como tal. En realidad, es un programa de lectura recomendada. Pero cuando Oprah le dice a su comprometida audiencia mundial de veinte millones de personas que compren un libro, medio millón de copias desaparece de los estantes en cuestión de días.

Si pudiera darles un solo
consejo a los jóvenes,
sería ¡lean, lean, lean!
Al leer, abrirán nuevos mundos,
reales e imaginarios.
Lean para buscar información,
lean por placer. Nuestras bibliotecas están
llenas de conocimiento y gozo,
y está todo a disposición,
listo para ser aprovechado.

–Abigail Van Buren

Oprah, lectora de toda la vida, es un testimonio vivo del poder de la lectura. Su club de libros es parte de una visión suya mayor que aspira a mejorar los estándares de la televisión diurna. Su concepto de programación se denomina "La TV que cambia la vida", y el concepto de libro del mes encaja perfectamente en su filosofía de vida de autoayuda.

Cambie su vida a través de la lectura

Abigail Van Buren, más conocida para muchos como "Querida Abby", comenzó a escribir su popular columna de consejos cuando Oprah Winfrey tenía dos años. En la época en la que menos de uno de cada diez estadounidenses tenía un televisor, las notas de "Querida Abby" se publicaban en periódicos de todo el país, y desde hace mucho tiempo ha sido defensora del concepto de menos televisión y más lectura.

Los libros son lo contrario de la televisión: son lentos, atractivos, inspiradores, y estimulan la inteligencia y la creatividad.

–David Shenk

A continuación, va su consejo para los jóvenes acerca de la importancia de la lectura. En realidad, sus palabras son excelente consejo para personas de todas las edades:

Si pudiera darles un solo consejo a los jóvenes, sería ¡lean, lean, lean! Al leer, abrirán nuevos mundos, reales e imaginarios. Lean para buscar información, lean por placer. Nuestras bibliotecas están llenas de conocimiento y gozo, y está todo a disposición, listo para ser aprovechado. La persona que no lee no está en mejor posición que la persona que no sabe leer.

"¡Lean, lean, lean!" Sabias palabras de una sabia mujer. Por algo su columna de consejos ha durado más de cuarenta años...

CAPÍTULO 11

La explosión de la lectura

Una sala sin libros es como un cuerpo sin alma.

—Cicerón

¿Alguna vez entraste en una de las enormes librerías Barnes & Noble o Books a Million? ¡Son monstruosas! Tienen el tamaño equivalente al de diez librerías normales y todavía queda lugar para un pequeño gimnasio.

Barnes & Noble y Books a Million han construido cerca de mil de estas megalibrerías en Estados Unidos y Canadá, y ambas compañías continúan en plena expansión.

¿Por qué esta gran embestida de expansión? Tanto Barnes & Noble como Books a Million comprenden que muchos libros representan mucho dinero. Al construir meganegocios y comprar cadenas de librerías más pequeñas, estas dos competidoras se posicionan para recibir su parte de una industria de $30.000 millones de dólares anuales, que crece un 8% por año.

Según la Asociación de libreros de Estados Unidos, las ventas de libros en ese país crecieron de $18.000 millones de dólares en 1992... a $27.000 millones en 1997 (por ventas de 2.100 millones de libros) ... y se espera que llegue a $35.000 millones de dólares en el año 2002. Eso se traduce en un incremento de 100% en las ventas en tan sólo diez años, amigos... ¡y eso es una gran oportunidad y un gran negocio según cualquier criterio!

En este capítulo, vamos a analizar más detenidamente la explosión de la lectura, para ver quiénes son los jugadores, cómo se venden los libros, quién los compra, cómo la tecnología cambia nuestros hábitos de lectura, y por qué quienes no pueden o no quieren leer están destinados a quedar rezagados.

Comencemos con algunas estadísticas que los sorprenderán.

Incremento de ventas en organizaciones Club del libro del mes

Tal vez pienses que las súperlibrerías dominan las ventas de libros debido a los grandes descuentos y amplia selección (algunas cuentan con más de 250.000 títulos diferentes disponibles). Pero este no es el caso. Según el Grupo de estudio de la industria del libro, las grandes cadenas de librerías solamente son responsables del 25% de las ventas de libros. Las librerías independientes representan otro 15%. Eso significa que tan sólo un 40% de los libros vendidos en Estados Unidos se adquiere en librerías.

Para producir muchos libros no hay límite.

–Eclesiastés

Un simple cálculo nos indica que, por tanto, el 60% de los libros vendidos por año se vende fuera de las librerías. ¿Adivinan cuál es la mayor boca de expendio fuera del circuito de librerías? Les doy un dato: uno de cada seis libros vendidos en este país se mueve por el canal de distribución. ¿se rinden?

La respuesta es: ¡clubes del libro del mes!

¿Quién podría haber adivinado que el 20% de todos los libros vendidos fuera de las librerías se expenden a través de ese tipo de organizaciones? Yo no, por ejemplo. Antes de convertirme en ávido lector, pensaba que los miembros de los clubes del libro eran "tragalibros" o personas jubiladas con demasiado tiempo libre disponible. Nada más alejado de la realidad.

Rescatado por un libro del mes

Los clubes del libro del mes están compuestos principalmente por personas entusiastas y dinámicas de todas las edades y antecedentes, que buscan leer y enriquecerse, o buscan respuestas.

Uno de los mayores servicios de dichos clubes es brindarles a sus socios lo que llamo "lectura guiada". De hecho, los clubes del libro tienen la misma función que las herramientas de búsqueda en Internet: hurgan en la sobrecarga informativa e identifican el material que ayude a los lectores a su crecimiento personal, profesional, y espiritual.

Quisiera compartir con ustedes un par de historias verdaderas de dos amigos míos cuyas vidas cambiaron drásticamente a través de la lectura guiada de un club del libro. La primera historia es acerca de un hombre llamado Pat. Él era un hombre ambicioso y trabajador, padre de tres hijos, quien parecía tenerlo todo. Vivía en una casa grande y ganaba mucho dinero trabajando setenta horas por semana como director de servicios de un concesionario Nissan. En apariencia, lo tenía todo. Pero, en su interior, sentía una agitación. A su vida le faltaba algo. No era feliz, pero no acertaba a identificar la causa de su descontento.

Pat ingresó a un negocio que ofrecía un club mensual de libros de crecimiento personal. El primer libro que recibió fue *La elección* (*The Choice*), de Og Mandino. Pat abrió el libro y empezó a leerlo. Dos horas más tarde, tenía la mirada perdida en el espacio y el libro en su regazo, terminado.

"Este libro habla de mí", pensó. "Mi casa es un hotel. Mi trabajo es mi vida. Nunca veo a mis hijos. Mis prioridades están fuera de lugar. ¡Esto es una locura!".

Un solo libro le abrió los ojos a las realidades de su vida. Y no le gustó lo que vio. A los pocos meses, renunció a su empleo de diecisiete años para aspirar a un sueño largamente denegado: ser dueño de su propio negocio. Se convirtió en un ávido lector de libros de crecimiento personal, avanzó con la lectura de la mayoría de los libros de Og Mandino y muchos otros. Más libros leía, más se ampliaba su mirada. Como resultado, reorganizó sus prioridades y puso a su familia en el primer lugar, y amplió su visión de lo que era y lo que podía llegar a ser. Hoy es dueño de dos negocios en expansión y "saluda cada día con amor en su corazón", parafraseando a su mentor, Og Mandino.

De desdichado a escritor

La segunda historia es acerca de Jim e ilustra el mágico poder transformador de la lectura aún más claramente que la historia de Pat. Si hubiera conocido a Jim hace diez años, se sorprendería de lo lejos que llegó en la vida. ¡En realidad, se sorprendería de que Jim siga vivo!

Hace diez años, Jim vivía en un hotel de mala muerte en la ciudad de Nueva York, consumiendo emparedados de mayonesa, dos paquetes de cigarrillos y una botella de vodka barato cada día. Caminaba siempre con la cabeza baja, buscando monedas o cigarrillos a medio fumar. Su autoestima estaba por el piso. El odio que sentía por sí mismo le horadaba hasta el alma y no dejaba de reprender a su autoestima diciéndose que merecía las jaquecas que le partían la cabeza, merecía la tos de fumador, merecía el sangrado de encías provocado por una mala alimentación.

Ahora bien, permítanme interrumpir la historia de Jim para contarles que el Jim que conozco nunca fue merecedor de ninguno de estos auto-abusos. Es una de las personas más amables, gentiles y sinceras que he conocido. Y estoy seguro de que no era muy diferente hace diez años. Pero cuando la autoestima de alguien está por el suelo, no ve ese lado de su personalidad. Lo único

Gutenberg hizo de todo el mundo un lector. Xerox hace de todos un editor.

–Marshall McLuhan

que Jim veía en ese momento era un borracho desesperanzado. Se odiaba a sí mismo por su debilidad, de manera que a toda hora se castigaba con la bebida.

Se hallaba viendo una mala película de trasnoche por televisión, en un hotel de cinco dólares, cuando tocó fondo. Su desprecio por sí mismo era total. Sabía que no podía caer más bajo. Con lágrimas rociando por sus mejillas, le rogó a Dios que lo ayudara a salir de ese pozo de odio. Esa noche, Jim comenzó el largo y doloroso viaje de regreso desde el borde de la desesperación. Al día siguiente, asistió a una reunión de Alcohólicos Anónimos. A la semana, consiguió su primer empleo de tiempo completo.

En los años siguientes, Jim leyó todo libro sobre pensamiento positivo que cayó en sus manos. Se asoció a un club del libro del mes especializado en libros de crecimiento personal y, en los años siguientes, se devoró los libros de los maestros del género, escritores como Norman Vincent Peale, Roben Schuller, Napoleon Hill, y Dale Carnegie. Jim comenzó a escribir su diario volcando sus sentimientos más profundos y sus reflexiones diarias sobre lo que leía.

Gradualmente, Jim comenzó a sanar. A través de sus lecturas y reflexiones diarias, el enojo se diluyó. El desprecio que sentía por sí mismo desapareció. Las deudas y los miedos se calmaron. Comenzó a reconocer su propio valor. Por medio de sus discursos y escritos, comenzó a llegar a otras personas que a su vez luchaban con sus propias vidas.

Tan sólo diez años atrás, Jim había tocado fondo. Pero salió del pozo de su desesperación con una escalera hecha de libros. No fue el primero en rescatarse a sí mismo a través de la lectura. Y no será el último. Su vida demuestra que la lectura guiada puede iluminarnos y señalarnos el camino hacia el conocimiento personal, la satisfacción, la entereza, y la felicidad.

¿Quién lee y por qué?

A nadie sorprende que los adultos con educación universitaria sean los lectores más ávidos. Reconociendo este dato demográfico, Barnes & Noble ni siquiera piensa en instalar una nueva súperlibrería a menos que vivan 25.000 graduados universitarios en un radio de quince a veinticinco kilómetros alrededor del sitio.

Por otra parte, es menos probable que los egresados de secundaria sean lectores tan ávidos como los egresados universitarios. De hecho, el 37% de todos los egresados de secundaria nunca leen un libro después de salir del colegio, y la mitad de todos los estadounidenses leen un libro cada diez años más allá de su nivel educativo. Quienes más leen son las personas que tienen entre 45 y 55 años, seguidos por las personas entre 30 y 44 años, lo que es comprensible porque esos son los años pico de ganancias y crecimiento personal.

Entonces, ¿qué nos dicen estas estadísticas? No puedo hablar por ustedes, pero las cifras me dicen que leer es una cuestión de elección, más que de oportunidad. En otras palabras, hay una enorme diferencia entre poder leer y querer leer. La verdad es que las estadísticas no significan mucho cuando se tiene en cuenta a cada individuo.

Solo porque las personas promedio de Estados Unidos leen un libro cada diez años no significa que TÚ no puedas leer más libros, ¿verdad? (Como dije antes, si hubieras leído tan sólo quince minutos por día, podrías haber leído 120 libros durante ese período de diez años).

Si quieres ser exitoso, tienes que hacer lo que hacen las personas exitosas. Y una de las cosas que hacen las personas exitosas es leer y hacerse ricos.

–Burke Hedges

El hecho de que tengas un título secundario o universitario no es la causa de que leas más o menos ¡Solamente TÚ puedes ser el causante de leer más o menos! Lo único cierto que puedo decirles es esto: las personas que quieren crecer, más allá de su edad, antecedentes o nivel de educación, encontrarán excusas PARA leer, en lugar de encontrar excusas PARA NO leer. Puedes elegir ser la excepción y convertirte en ávido lector con la misma facilidad con la que puedes ser parte de la regla y seguir siendo un no-lector.

El hecho es que, dentro de cada grupo de edad y nivel de educación, hay miles de personas que eligen leer. Y existen otros miles que representan a los mismos grupos de edad y nivel de educación que eligen no leer. Al fin y al cabo, las estadísticas demográficas de las que formas parte no te eligen a ti… ¡Tú eliges tu grupo!

Como siempre le digo a los participantes de mis seminarios, "Si quieren ser exitoso, tienen que hacer lo que hacen las personas exitosas". Y una de las cosas que hacen las personas exitosas es leer y hacerse ricos.

Volver al futuro de los libros

Hasta este momento, hemos hablado mucho sobre los cambios recientes en la industria del libro, especialmente los cambios en la manera de publicar y vender libros. Pero la única constante a través de tantos cambios es el formato del libro en sí. En su mayoría, los libros siguen teniendo el mismo aspecto que tenían cuando se los inventó hace varios siglos. Pero eso está por cambiar. Está surgiendo una nueva clase de libro llamado "libro electrónico" y podría cambiar drásticamente la manera de comprar y leer libros en los años venideros.

Para comprender mejor el futuro de los libros, miremos cómo se originaron. Lo que llamamos libros, es decir, páginas encuadernadas impresas de ambos lados, surgieron siglos después de la invención de la escritura. La mayoría de los primeros documentos conocidos se escribieron en grandes rollos hechos de papiro (de donde surge la palabra "papel") o de pieles de animales.

Los libros surgieron con los primeros cristianos que querían estudiar las Escrituras, pero no podían profesar abiertamente por miedo a la persecución. No podían arriesgarse a llevar grandes rollos, entonces comenzaron a buscar maneras para disimular cartas y enseñanzas del Nuevo Testamento. Alguna alma ingeniosa tuvo la idea de cortar los rollos en blanco en partes más chicas, o "páginas", y doblar cada una por la mitad. Cortando el borde inferior de la página doblada, se transformaba en un folletín de ocho páginas, empleando ambos lados. Estos folletines se podían esconder fácilmente entre las túnicas.

Avanza rápidamente dos mil años hasta la pantalla de tu computadora. Compara la sofisticada tecnología de las computadoras con los primeros libros. Una lisa y brillante pantalla de computadora reemplaza al rústico y seco papiro. Las imágenes electrónicas reemplazan las letras escritas a mano. Y el rollo reemplaza a las páginas del libro.

¿QUÉ? ¿rollo? ¡Pensé que los libros habían reemplazado a los rollos hace siglos! ¡Ah! ¡ironías del destino! Veinte siglos de progreso y volvemos a lo viejo y anticuado que pensamos haber dejado atrás, ¡accedernos a los textos de las computadoras leyendo a lo largo como si fuera un rollo!

¡Paseo electrónico! ¡Libros electrónicos!

El último avance en tecnología de lectura es el libro electrónico ("e-libro", para decirlo abreviado). Los libros electrónicos son un híbrido entre el libro tradicional y la computadora. Los modelos a batería disponibles pesan varios kilos y parecen pequeñas computadoras portátiles sin teclado. Los precios oscilan entre $300 y $2.000 dólares por el libro en sí, más los costos adicionales por el contenido.

Para comprar contenido, como un libro o una revista, deberías conectar tu e-libro a tu computadora personal y acceder a Internet. Ingresarías a una librería virtual, desde donde bajarías el contenido en tu libro pagando una tarifa. Una vez pagado el contenido, este sería tuyo para siempre. Un registro de tu compra le quedaría archivado al vendedor en caso de que quisieras bajar tu libro en el futuro.

A largo plazo, el tema clave no es el formato de un libro. El tema es cuánta gente lee y qué eligen leer. Con el crecimiento dinámico de Internet, es un resultado inevitable que gran parte de nuestra lectura se desarrolle en un monitor.

En el tiempo que se necesita para leer este párrafo, por ejemplo, se mandarán un millón de mensajes por correo electrónico, y esa tendencia está en aumento. America Online incorporó a 35 millones de usuarios en menos de seis años ¡Más suscriptores que *Newsweek, Time* y *US News & World Report* juntas! Sin dudas, la lectura electrónica llegó para quedarse. Eso es un hecho. Como ya dije, el tema no es el medio de la palabra escrita. El tema es si eliges ser lector o no.

Súbete al bus de la lectura

Cuando digo que leer o no leer es una cuestión de elección, recuerdo la historia de un director técnico de béisbol que se sentía cada vez más frustrado por la prolongada racha perdedora de su equipo. Los mejores bateadores pasaban por un mal momento. Los campistas más confiables cometían errores graves. Y todos los jugadores se peleaban por tonterías y se señalaban unos a otros. El espíritu del equipo estaba en su nivel más bajo de la historia. El director técnico había visto y oído suficiente. Era hora de que los jugadores volvieran a los básicos, haciendo prácticas extras. Decidió darles una opción. Podían llegar temprano al campo de juego y entrenar más o podían quedarse en el hotel hasta la hora del partido. Así se lo advirtió a los jugadores:

Mañana habrá dos buses desde el hotel hasta el campo de juego. El de las dos de la tarde será para los que necesiten practicar un poco más. El bus vacío partirá a las cinco de la tarde.

Los jugadores lo comprendieron. Todos estuvieron listos para el de las dos de la tarde.

Esta encantadora historia tiene un sentido muy serio. Si queremos mejores resultados, tenemos que elegir "subirnos al bus" para practicar las cosas que nos hacen mejores. También podemos elegir NO practicar, pero eso tiene graves consecuencias que pueden llevar al fracaso seguro. Por eso siempre le digo a la gente: "Para que las cosas mejoren, TÚ tienes que mejorar. Para que las cosas cambien, TÚ tienes que cambiar".

Para los jugadores de béisbol, el progreso comienza subiéndose al "bus de la práctica". Para el resto de nosotros, el progreso comienza subiéndose al "bus de la lectura".

Los pasajeros del "bus de la lectura" están encaminados hacia una mayor abundancia, una mayor satisfacción, una mayor felicidad, en síntesis, más de todo lo que quieren de la vida. Los no-lectores, por otra parte, se quedarán en la terminal, enojados y confundidos, y preguntándose por qué están atascados en el viejo sendero de siempre.

Yo elegí subirme al bus de la lectura hace años.

Y dentro de él, me rodea una excelente y numerosa compañía. Solo me gustaría que no hubiera tantos asientos vacíos...

CAPÍTULO 12

Salón de la fama de libros de crecimiento personal: breve reseña de los más influyentes libros de crecimiento personal que se hayan escrito

Hay un sólo rincón del universo que ciertamente puedes mejorar y está en ti mismo.

—Aldous Huxley

¿Has visto la taquillera película *Tienes un e-mail* con Tom Hanks y Meg Ryan? Se trata de una atractiva historia que capta la creciente tensión entre las cadenas de librerías gigantes al estilo de Barnes & Noble y las pequeñas librerías independientes.

La protagonista, interpretada por Ryan, es dueña de una pequeña librería para niños, mientras que la familia de Hanks es dueña de una megalibrería cercana que está a punto de hacer cerrar el negocio de Ryan. Para Hanks, los libros son un negocio.

Para Ryan, los libros son una forma de vida. En un momento, Ryan dice efusivamente que ama lo que hace y Hanks le pregunta qué tiene de especial vender libros a niños pequeños.

"Amo lo que hago porque los libros les dicen a los niños quiénes son mucho antes de que se conviertan en ello", contesta con sinceridad.

¿No es una oración maravillosa? Resume muy adecuadamente el poder de la lectura para formar a las jóvenes vidas. De hecho, resume el poder de la lectura para dar forma a nuestras vidas a cualquier edad. Según mi punto de vista, los comentarios de Ryan se aplican a los libros de crecimiento personal tanto como a los libros para niños. Los libros de crecimiento personal nos dicen en qué podemos convertirnos antes de que lo logremos. Nos dan esperanza. Causan un revuelo en nuestra imaginación. Nos inspiran a entrar en acción. Nos hacen aumentar nuestro rendimiento. Plantan las semillas que luego crecen y florecen convertidas en nuestros sueños. Nos desafían a vivir, elevándonos hasta nuestro pleno potencial. En síntesis, nos habilitan para cambiar, mejorar, enriquecernos.

Los libros de crecimiento personal dominan las listas de libros mejor vendidos

> *Cualquiera sea el motivo que tengas para no ser alguien, existe alguien que tenía el mismo problema y lo superó.*
>
> —Barbara Reynolds

Los libros de crecimiento personal reciben muchos nombres distintos: libros motivadores, inspiradores, de autoayuda, de mejoramiento personal, desarrollo de capacidades, libros sobre principios de éxito, bien, ya me entienden. Prefiero usar la frase "libros de crecimiento personal", porque su propósito es ayudar a las personas a hacerse más ricas en el sentido amplio de la palabra: más ricas en relaciones, en dinero, en felicidad en satisfacción, en propósito y así sucesivamente.

Cincuenta años atrás, existía solamente un puñado de libros de crecimiento personal disponibles. Pero, en la actualidad, esta industria se ha transformado y mueve quinientos mil millones de dólares por año. Hoy en día, la mayoría de la gente no está satisfecha con conformarse con menos. Comprenden que la "búsqueda de la felicidad" significa buscar su plena potencialidad, y hay millones de personas que buscan enriquecer sus vidas leyendo.

Un artículo de 1999 que apareció en la revista *USA Today* reunía una lista de los cien libros más vendidos de los últimos cinco años. ¡Adivinen cuántos libros de crecimiento personal había entre los diez primeros? ¿Uno? ¿Dos? ¿Qué les parece NUEVE?

Así es, nueve de los diez libros más vendidos en un período de cinco años eran libros de crecimiento personal, liderados por *Los hombres son de Marte, las mujeres son de Venus* (*Men Are From Mars, Women Are From Venus*) en el primer lugar, seguido por *No te ahogues en un vaso de agua* (con título original *Don't Sweat the Small Stuff*) como número dos y *Chocolate caliente para el alma* (con título original *Chicken Soup for the Soul*) en el tercer lugar.

El único libro de ficción ubicado entre los diez primeros fue *La cámara de gas* (*The Chamber*), de John Grisham, posicionado en el décimo lugar. ¡Un tercio de los cien libros de la lista eran libros de crecimiento personal! *Chocolate caliente para el alma* fue el líder, con seis versiones diferentes, integrando la lista de cien. Según reporta Simba, una firma de investigación de Stamford, Connecticut, en 1997 los estadounidenses desembolsaron 538 millones de dólares en libros de crecimiento personal. Además, la compañía afirma que los consumidores gastan más dinero por año en libros que en videos, discos compactos, periódicos y revistas.

Personas famosas que leyeron y se hicieron ricas

Soy un campeón producto de los libros de crecimiento personal porque sé de primera mano cómo pueden cambiar vidas. "Soy un producto del producto", según dicen. Un libro de crecimiento personal me inspiró a cambiar mi vida 180 grados, y los libros siguen enriqueciendo mi vida a diario.

> *El vendedor promedio no llega a leer un libro por año. Por eso es un vendedor promedio.*
>
> –Anónimo

Pero no soy la única persona cuya vida cambió drásticamente por un libro de crecimiento personal, ¡de eso estén seguros! Un sinnúmero de personas famosas señala a algún libro de crecimiento personal como un punto de inflexión en sus vidas, incluyendo a los siguientes nombres que resultan familiares:

- **Lou Holtz**, uno de los entrenadores con mayor cantidad de triunfos en la historia del fútbol americano universitario, reconoce que el libro *Pensar en grande, la magia del éxito* (con título original *The Magic of Thinking Big*) fue un punto decisivo en su carrera profesional.

- **W. Clement Stone**, empresario multimillonario y autor de libros *bestseller*, dice que el libro de Napoleon Hill Piense y hágase rico (*Think and Grow Rich*) "cambió el curso de mi vida". El libro de Hill inspiró a Stone a iniciar el hábito de ayudar a otros dándoles libros de crecimiento personal, hábito que ha seguido religiosamente durante cincuenta años.

- **Donna Reed**, ganadora del Premio Óscar y precoz estrella de televisión, era una estudiante tímida e insegura de primer año de secundaria cuando leyó *Cómo ganar amigos e influir sobre las personas* (*How to Win Friends and Influence People*). Cuando terminó de leer el libro, obtuvo un papel protagónico en la obra teatral del colegio, iniciando una carrera de cuarenta años en cine y televisión.

- **J. W. Marriot**, presidente de la cadena de Hoteles Marriot, se conmovió tanto con el mensaje del libro *El vendedor más grande del mundo*, que le regala un ejemplar a todos sus ejecutivos de marketing.

- **Les Brown** era considerado como "disminuido mental" en la escuela media y estaba a punto de abandonar cuando escuchó por casualidad una grabación de *El secreto más extraño* (*The Strangest Secret*) de Earl Nightingale. El mensaje inspiró a Brown a trabajar más y a pensar de manera más positiva: hoy en día, es uno de los oradores motivadores más solicitados del país.

- **Phyllis Diller**, la famosa comediante, era una ama de casa frustrada e insegura cuando leyó *La magia de creer* (*The Magic of Believing*). El libro le dio confianza para probar suerte en el mundo del espectáculo, y llegó a convertirse en una de las actrices cómicas más conocidas de Estados Unidos.

- **Archie Moore**, excampeón de boxeo de peso semipesado que ganó por nocaut 141 de las 228 peleas en las que participó, no era un gran lector hasta que fue convocado para representar al esclavo Jim en la versión cinematográfica de *Las Aventuras de Huckleberry Finn* (*The Adventures of Huckliberry Finn*). Moore leyó el libro para prepararse para el papel y entonces se convirtió en un ávido lector y afirmó: "Ahora que descubrí los libros, vivo de verdad".

- **Dave Thomas**, fundador de la cadena de restaurantes Wendy's, había abandonado la escuela secundaria y tenía un concepto muy pobre de sí mismo cuando, por casualidad, leyó *El poder del pensamiento positivo* (*The Power of Positive Thinking*). Hoy en día, encabeza un emporio de restaurantes de comidas rápidas, con miles de locales en todo el mundo.

- **Oprah Winfrey**, conductora de un show televisivo de charlas en vivo, actriz y productora, reconoce que su increíble éxito se debe a los libros: "No puedo imaginar cómo podría haberme convertido en la persona que soy ahora sin libros. ¿Cómo podría haber sabido que había otro mundo más allá de mi pequeño y aislado mundo sin sentimientos? Los libros se convirtieron en sinónimo de libertad. Demostraron que uno puede abrir puertas y lograr entrar".

Estos son tan sólo algunas de las miles de historias de hombres y mujeres que se inspiraron en un libro para buscar niveles más altos de realización, demostrando que Roy L. Smith tenía razón cuando observó que "algún libro bueno suele ser responsable por el éxito de todo hombre verdaderamente grande".

Qué significa ser un clásico

El movimiento de crecimiento personal ha tomado verdadero impulso alrededor de la última década. Actualmente, hay miles de libros de primera línea que ayudan a la gente a leer y enriquecerse. Pero admitamos que solamente unos pocos merecen ser llamados clásicos. Así como ha habido miles de hombres talentosos que jugaron béisbol profesional, solo los mejores de los mejores ingresaron al Salón de la fama de la Liga profesional de Béisbol. El Salón está reservado para las leyendas, Babe Ruth, Mickey Mantle, Hank Aaron. Los jugadores que forman parte del Salón se ganaron ese honor porque se desempeñaban regularmente en un nivel muy superior al promedio. Introdujeron innovaciones. Redefinieron la manera de jugar. Y, además, debido a su juego excepcional, fijaron nuevos estándares para los jugadores que vinieron después.

Se puede decir lo mismo de un puñado de libros de crecimiento personal. Abrieron nuevos horizontes. Desafiaron nuestra manera de pensar sobre nosotros mismos y sobre el mundo e inspiraron a generaciones de lectores hacia niveles más elevados de realización. Estos son los clásicos, los libros de crecimiento personal que han aprobado el examen del tiempo, los libros que han inspirado a millones de personas en todo el mundo para que cambiaran sus vidas para mejor.

> *El programa de lectura de una persona debería planificarse con tanto cuidado como su alimentación diaria, ya que se trata también de alimento, sin el cual la persona no puede crecer mentalmente.*
>
> –Andrew Carnegie

Todas las obras del Salón de la fama de los libros de crecimiento personal se siguen publicando, aunque cinco de ellas se editaron por primera vez hace más de un siglo. Todos los libros, excepto dos, fueron escritos por estadounidenses, fenómeno comprensible debido al espíritu juvenil del país y a su actitud de "puedes hacerlo". Todos han vendido mucho más de un millón de copias y han sido traducidos a una gran cantidad de idiomas extranjeros (varios títulos se han traducido a cincuenta idiomas o más). Y la mayoría sigue vendiendo más de cien mil ejemplares por año sin interrupción.

A continuación, se presenta una lista de libros de mi Salón de la fama de los libros de crecimiento personal. Decidí confeccionar la lista según la fecha de publicación, para que puedan comprender mejor el papel que cada libro tuvo en la historia del movimiento de crecimiento personal.

Salón de la fama de los libros de crecimiento personal

1. *El Progreso del Peregrino (Pilgrim 's Progress)* de John Bunyan (1670)

John Bunyan, vehemente ministro y abierto crítico de la Iglesia de Inglaterra, escribió este libro durante una de sus largas estadías en prisión. Precursora de la novela inglesa, la entretenida alegoría de Bunyan podría considerarse el primer libro de crecimiento personal después de la *Biblia.* La historia relata la historia de un joven héroe, Christian, en sus viajes hacia la salvación. Christian tropieza con muchos obstáculos en su viaje, como el Monte de la dificultad, el Valle de la humillación y el Gigante de la desesperación en el Castillo de la incredulidad. El libro enseña a los lectores muchos de los principios clave necesarios para el éxito y el crecimiento personal, tales como persistencia, disciplina, integridad, creencia, enfoque y compromiso. *El progreso del peregrino* forjó los valores de muchos grandes líderes, incluyendo a Benjamín Franklin y Abraham Lincoln.

2. *Autobiografía de Benjamín Franklin* (1793)

La de Franklin fue una de las primeras historias estadounidenses de éxito. Un niño pobre con poca educación formal que se convirtió en un hombre que se formó a sí mismo a través de trabajar arduamente y hacerse cargo de sus propios negocios. Franklin era un promotor incansable del mejoramiento personal. Una de sus primeras obras publicadas, *El almanaque del pobre Ricardo* (*Poor Richard's Almanack*), ofrecía historias inspiradoras, sabios proverbios y consejos de sentido común sobre cómo avanzar en la vida. Aunque Franklin fue al colegio solamente durante dos años, se convirtió en uno de los hombres más educados de su época al haber leído gran cantidad de literatura clásica, ciencia, política y filosofía. Inició la primera biblioteca circulante del país como una manera económica de que las personas pobres se educaran y mejoraran, tal como él lo había hecho. Su autobiografía resulta hoy tan interesante y entretenida como cuando fue escrita, hace más de doscientos años, y proporciona maravillosas opiniones sobre los pensadores más versátiles e innovadores.

3. Ensayos de Ralph Waldo Emerson y Henry David Thoreau (década de 1840)

El ensayo de Emerson, *Autoconfianza* (con título original *Self-Reliance*) y el de Thoreau, *Walden*, son de lectura obligatoria en todas las escuelas secundarias de Estados Unidos, ¡y con razón! Emerson y Thoreau resumían el espíritu estadounidense de individualismo y autodeterminación. Sus ensayos estaban llenos de optimismo, exhortando a sus lectores a confiar en su intuición, formar su destino, seguir sus sueños, realizar su máxima potencialidad, descubrir su propósito fundamental en la vida. Sus obras poderosas y originales defendían los conceptos que representan los soportes del movimiento de crecimiento personal, tales como el pensamiento positivo, un espíritu de "puedo hacerlo", ir contra la corriente, ser uno mismo, y hacer que las cosas sucedan. En resumen, las obras de Emerson y Thoreau dieron forma a nuestro carácter nacional y definieron lo que significa ser estadounidense.

4. Cuentos de Horatio Alger (1860-1899)

Horatio Alger escribió más de cien libros (muchos de ellos aún se siguen editando) para niños y adultos jóvenes, en los que los héroes pasan de la pobreza a la prosperidad por medio de disciplina, integridad, buenas obras y trabajo arduo. En inglés la frase "historia de Horatio Alger" se suele usar para describir una "historia de pobre a rico", conforme con la realidad de alguien que supera tremendas dificultades para lograr el éxito. Se estima que sus libros, incluso las series *Dick andrajoso* (*Ragged Dick*) y *Tattered Tom*, vendieron más de veinte millones de copias en vida de su autor e inspiraron a millones de personas jóvenes que andaban por mal camino a alcanzar las estrellas.

5. Acres de diamantes (Acres of Diamonds) de Russell Conwell (década de 1890)

A fines de 1800, Russell Conwell, ministro y fundador de la Universidad Temple, viajó por todo el país para recaudar fondos para la universidad y diversas causas, dando un discurso que llamó "Acres de diamantes": la historia de un ambicioso joven de Persia que vende su campo y viaja por el continente en busca de diamantes. El hombre busca en vano varios años. Enfermo, sin dinero y desilusionado, se muere ahogado. ¡Mientras tanto, el nuevo dueño del campo descubre accidentalmente que su tierra está cubierta por "acres de diamantes"! La historia resalta que cada hombre o mujer podría alcanzar gran riqueza si buscara las oportunidades en su propio patio. La clave de la riqueza es descubrir lo que otras personas a nuestro alrededor necesitan, y luego cubrir esas necesidades. A lo largo de su vida, el Reverendo Conwell leyó su ensayo más de seis mil veces ante auditorios completos, y el discurso se ha editado en libros y cintas de audio, y ha circulado entre millones de personas en el último siglo.

6. *Como el hombre piensa, así es su vida* (con título original *As a Man Thinketh*), de James Allen (1910)

James Allen tenía 38 años y era gerente intermedio de una fábrica cuando se retiró para descubrir los secretos de la felicidad y luego enseñárselos a otros mediante sus escritos. Allen escribió diecinueve libros durante los últimos nueve años de su vida. El más famoso es *Como el hombre piensa, así es su vida*, que toma su nombre de un proverbio de Salomón que decía "Tal como piensa un hombre en su corazón, así es de verdad". Allen es considerado el "abuelito" de la literatura inspiradora moderna, y su tesis "antes de cambiar tu vida debes cambiar tus pensamientos", sigue siendo uno de los temas predominantes del movimiento de crecimiento personal.

7. *Cómo ganar amigos e influir sobre las personas* (*How to Win Friends and Influence People*), de Dale Carnegie (1937)

Durante veinticinco años, Dale Carnegie impartió cursos para profesionales y empresarios sobre oratoria y sobre el arte de relacionarse con los demás antes de recopilar sus enseñanzas en uno de los libros más exitosos de crecimiento personal de la historia. Hasta la fecha, el libro vendió cerca de veinte millones de copias, y ha sido traducido a los principales idiomas del mundo. Carnegie escribe en un estilo coloquial y ofrece consejos de sentido común siempre vigentes para convencer a las personas acerca de los propios puntos de vista e incluye capítulos sobre cómo causar una buena primera impresión, una manera fácil de convertirse en buen conversador, cómo expresar una crítica y no ser odiado por eso y como estimular a las personas para que triunfen. ¡*Cómo ganar amigos e influir sobre las personas* es incomparable!

8. *Piense y hágase rico* (*Think and Grow Rich*), de Napoleón Hill (1937)

Napoleón Hill entrevistó a más de quinientos de los empresarios más exitosos del país en un esfuerzo por encontrar una fórmula de éxito que el hombre común pudiera usar. Hill destiló la sabiduría de las leyendas de la Era industrial (incluidos Ford, Carnegie, Rockefeller, Edison, Wrigley, Firestone y Woolworth, por nombrar solo a algunos) y la convirtió en los principios esenciales para la creación de riqueza. El libro fue un éxito inmediato apenas se publicó en medio de la Gran depresión, y ha vendido más de veinte millones de copias a lo largo de los años. A más de sesenta años de su publicación, *Piense y hágase rico* sigue siendo el primer y mejor libro escrito sobre los "secretos" para lograr independencia financiera. Para las personas que se toman en serio la creación de mayor riqueza para sí mismos y sus familias, este clásico del crecimiento personal es de lectura obligatoria.

9. *El poder del pensamiento positivo (The Power of Positive Thinking*), de Dr. Norman Vincent Peale (1952)

El libro del Dr. Peale probablemente sea el libro de crecimiento personal más famoso de la historia, y la frase "el poder del pensamiento positivo" se ha convertido en una expresión de uso diario en inglés y un llamado de reanimación para los optimistas de todo el mundo. El libro ofrece consejos prácticos para ayudar a "las personas con vidas simples" a enfrentar sus problemas y tener una "vida feliz, plena y valedera". Mezcla de sentido común, investigación, psicología y las Escrituras, *El poder del pensamiento positivo* ofrece prácticos consejos para manejar con éxito problemas cotidianos, consejos tales como romper el hábito de la preocupación, cómo lograr que la gente lo quiera, cómo relajarse, cómo tener energía constante, cómo crear tu propia felicidad. Peale daba varios discursos por semana por todo el país y ofrecía tres homilías los domingos en la Iglesia Marble Collegiate de Nueva York hasta superar los noventa años de edad, demostrando de una vez y para siempre la veracidad de su simple, aunque profunda filosofía de vida.

***10. El secreto más extraño (The Strangest Secret),* de Earl Nightingale** (1956)

Originalmente escrito como ensayo, el libro se convirtió en la primera grabación no musical que superó el millón de copias. Nightingale disfrutó de una carrera de cuarenta años como conductor y locutor de radio y televisión, y condujo más de siete mil emisiones de su popular programa radial *Nuestro mundo cambiante* (*Our Changing World*), donde leía historias y poemas inspiradores mientras sonaba música clásica de fondo. Sin embargo, *El secreto más extraño* sigue siendo la "marca registrada" de Nightingale, y su mensaje esencial: "eres la suma total de lo que piensas a lo largo del día", se ha convertido en tema principal de casi todo libro de crecimiento personal escrito en los últimos cincuenta años, un tributo perdurable al clásico ensayo de Nightingale.

11. *Pensar en grande, la magia del éxito* (con título original *The Magic of Thinking Big)*, de David J. Schwartz, Ph.D (1959)

El libro de Schwartz transmite el mensaje de que el tamaño del éxito de una persona es directamente proporcional al tamaño de su pensamiento. Según Schwartz, "una tras otra, las historias clínicas no dejaban de demostrar que el tamaño de las cuentas bancarias, el tamaño de las cuentas de felicidad y el tamaño de la cuenta de satisfacción en general dependen del tamaño del propio pensamiento". Tal vez *Pensar en grande, la magia del éxito* sea el libro de crecimiento personal más fácil de leer que se haya escrito. Tiene un lenguaje simple y coloquial, información práctica, y anécdotas e historias diseminadas por todas las páginas, lo que hace a la lectura divertida y entretenida.

12. *Psicocibernética (Psycbo-Cybernetics)*, de Maxwell Maltz (1960)

No te dejes asustar con el título de apariencia académica ¡*Psicocibernética* no tiene nada de manual colegial aburrido! Maltz era un cirujano plástico que quedó fascinado con la manera en que la autoimagen que algunos de sus pacientes tenían de sí mismos, mejoraba después de una cirugía estética, mientras otros se seguían considerando inferiores o incluso "feos" a pesar de su aspecto mejorado. Maltz suponía que nuestra autoimagen también tiene un "rostro" y que, alterando esa imagen de nosotros mismos, podemos alterar nuestra personalidad y comportamiento. Nuestra autoimagen pone límites a lo que podemos lograr, entonces, alterándola, podemos expandir "nuestras áreas de posibilidad". *Psicocibernética* ofrece muchas técnicas que te ayudarán a mejorar tu autoimagen, con capítulos que hablan sobre cómo adquirir el hábito de la felicidad, cómo eliminar cicatrices emocionales, y cómo transformar una crisis en una oportunidad creativa.

***13. El vendedor más grande del mundo*, de Og Mandino** (1968)

Mandino cumple una tarea brillante brindándole dignidad y respeto a la antigua profesión de la venta que tantas personas han difamado y malentendido. La parábola extendida de Mandino parece simple y directa, pero la historia se vuelve engañosamente profunda, porque el autor utiliza varios inteligentes giros en el argumento para enseñarle a los lectores los diez principios clave que los capacitarán para ser exitosos en ventas y en la vida. El libro te sorprenderá, entretendrá, inspirará, enseñará y deleitará. Es tan corto, que se lo puede leer en una o dos horas, pero el mensaje permanecerá toda la vida. *El vendedor más grande del mundo* demuestra que las cosas grandes vienen en tamaño chico.

Menciones honorarias

- *El hombre en busca de sentido (Man's Searching for Meaning)*, del Dr. Viktor Frankl (1959)
- *Los 7 hábitos de la gente altamente efectiva (The 7 Habits of Highly Effective People)*, del Dr. Stephen Covey (1989)
- *Chocolate caliente para el alma* (con título original *Chicken Soup for the Soul)*, de Jack Canfield y Mark Victor Hansen (1993)
- *Nos vemos en la cumbre* (*See You at the Top*), de Zig Ziglar (1975)
- Varios libros del Dr. Robert H. Schuller
- *La magia de creer (The Magic of Believing)*, de Claude Bristol (1948)
- *El hombre más rico de Babilonia (The Richest Man in Babilon)*, de George S. Clason (1926)

El mundo es un lugar mejor

Estoy seguro de que he traspasado algunos estupendos libros que han causado un impacto profundo en la vida de la gente, y pido disculpas si no mencioné alguno de tus favoritos. Pero creo que esta lista distingue bastante adecuadamente a las "superestrellas" entre los libros de crecimiento personal. Entre todos, han llegado a las vidas de cien millones de lectores, e indirectamente han tocado las vidas de muchas personas más. Y he llegado a creer que el mundo es un "lugar más amable y tierno" como resultado de la lectura de estos libros.

Si no has leído ninguno de ellos, te sugiero que elijas uno y te comprometas a leerlo. Tal como dije, el conocimiento contenido en estos libros ha realzado las vidas de personas en todo el mundo, y puede hacer lo mismo por ti. La información es eterna. Las técnicas están probadas. Los principios son sólidos como rocas. Para hacer más rica tu vida, lo único que tienes que hacer es invertir unas pocas horas y algo de dinero en comprar y leer todos o cualquiera de estos libros. No hay época como el presente para comenzar a desarrollar tu propio Salón de la fama de los libros de crecimiento personal. Este es el puntapié ¡Toda esta sabiduría, investigación y experiencia está disponible a un costo promedio de US$ 10 por libro! Según mi opinión, ¡invertir US$ 10 en un libro que te puede ayudar a hacerte rico es el mejor valor en la historia del mundo! Tan sólo piensa, millones de vidas cambiadas por US$10 por persona cuando cuesta casi US$ 10.000 (o más) por año enviar un hijo a la universidad. Eso es mejor que una oferta, ¡es una ganga!

Leer y hacerse rico

Ross Perot, el irascible multimillonario que se presentó como candidato a presidente de Estados Unidos en 1992, era famoso por sus dichos campechanos. Uno de mis favoritos es éste: "Que usted vaya y se pare en el garaje no lo convertirá en automóvil". Esa era la manera en la que Perot decía que hay una gran diferencia entre simular hacer algo y hacerlo de verdad. Algunas cosas no se pueden fingir.

Pues bien, lo mismo se aplica a la compra de libros de crecimiento personal. Simplemente comprar un libro de crecimiento personal no te convierte en lector. Se venden millones de libros buenos por año, pero, lamentablemente, ¡las estadísticas muestran que la mitad de los libros que se compran en Estados Unidos nunca se leen! ¡Qué forma de malgastar el dinero, qué derroche de papel, qué manera de desperdiciar una oportunidad de oro!

No seas parte del 50% que compra un libro y nunca lo lee. Puedes comenzar a hacerte rico hoy si simplemente comienzas a leer los libros que te ayudarán a que tu vida crezca.

> *Según mi opinión, ¡invertir US$ 10 en un libro que te puede ayudar a hacerte rico es el mejor valor en la historia del mundo!*
>
> –Burke Hedges

Parafraseando a Ross Perot, no vayas simplemente a pararte en una biblioteca. Eso no te convertirá en lector, así como pararse en el garaje no te convertirá en automóvil. Comprar una máquina de ejercicios no te hará crecer músculos más grandes. ¡La única manera de aumentar tu musculatura es usando el aparato! De la misma manera, la única manera de lograr los beneficios de la lectura es comprar un libro... ¡y luego leerlo!

¿Quieres hacerte rico? ¡Genial! ¡Yo también! Esta es la manera: escoge un libro de la biblioteca. Tómate un tiempo fuera de tu agenda. ¡Y luego lee!

CONCLUSIÓN:

Leer o arrepentirse... ¡la elección es tuya!

Los libros nos dan alas.

—Lema del Centro de la biblioteca del Congreso de Estados Unidos

Mi primer trabajo de tiempo completo, tal como elije en la introducción, fue construir botes. Trabajaba en un edificio de metal sin aire acondicionado. El caluroso sol de Florida pegaba fuerte en el techo de chapa durante el verano, haciendo que la temperatura del interior pareciera la de un horno.

Me pasaba la mayor parte del día arrodillado en el casco de un bote con una esmeriladora eléctrica en la mano, puliendo lo áspero de la fibra de vidrio para darle brillo a la terminación. Cuando llegaba a casa, lo primero que hacía era meterme en la ducha y sacarme las astillas de fibra de vidrio de los brazos con un cepillo duro.

¿Conoces a alguien a quien quisieras cambiar, regular o mejorar? Bien. ¿Por qué no empiezas por ti mismo? Eso es mucho más beneficioso que intentar mejorar a los demás.

–Dale Carnegie

Trabajaba junto a un muchacho llamado Bob, y nos hicimos bastante amigos en los dos años en los que estuvimos juntos, trabajando de día y tomando cerveza por la noche. Entonces, un día, yo leí *El vendedor más grande del mundo*, y en menos de un mes renuncié y comencé a trabajar en ventas.

Siete años después, en una tarde de verano, pasé por la fábrica de botes para ver cómo iban las cosas. No había muchos cambios. El sol seguía pegando fuerte en el horno metálico que albergaba a los trabajadores. Y Bob aún seguía parado dentro de un bote a medio terminar con una esmeriladora en las manos.

Refrescamos recuerdos de los viejos días y conversamos trivialmente mientras me desajustaba la corbata. En un momento, le mencioné a Bob que yo había escrito un libro. Me miró sorprendido.

"¿Tú escribiste un libro? ¿Tú? ¡Debes estar bromeando!", gritó por sobre el fragoroso sonido de las herramientas.

"¡No, es cierto! Es más, creo que tengo una copia en el auto", dije mientras salía. "¡Quédate aquí, te traeré un libro!".

"¡EY!' me gritó Bob. "SI ME VAS A TRAER ALGO, NO ME TRAIGAS UN LIBRO. ¡TRÁEME UNA CERVEZA!".

Todos rompieron en carcajadas.

Elegir crecer

En el camino de vuelta a casa, tuve muchos pensamientos. Y una de las cosas en las que no dejaba de pensar era en el poder de la elección. Verán, siete años atrás, Bob y yo estábamos exactamente en el mismo lugar. Trabajábamos mucho. Y jugábamos mucho. Pero una tarde, en vez de juntarme con los muchachos y tomar unas cervezas, tomé un libro, algo que no hacía muy seguido en esos días.

Bob, por otra parte, tomó una cerveza, como siempre.

Siete años después, yo había leído una innumerable cantidad de buenos libros de crecimiento personal, había escrito cinco libros y había fundado y manejaba varios negocios exitosos.

Bob, por otra parte, aún sigue trabajando todo el día bajo el caluroso sol de Florida con una esmeriladora en la mano, como siempre.

Como ven, a lo largo de los años, yo continué leyendo y enriqueciéndome en muchos, muchos aspectos de mi vida.

Bob, por el otro lado, permaneció congelado en el tiempo. "No me traigas un libro, tráeme una cerveza" se convirtió en la afirmación de su misión en la vida, como siempre.

> *Comparado con lo que deberíamos ser, estamos solamente medio despiertos*
>
> –Williams James

Amigos, ustedes no tienen que vivir su vida "así, como siempre". Siempre pueden elegir cambiar sus carreras. Pueden elegir pasar más tiempo con sus hijos. Pueden elegir dejar de postergarse. Pueden elegir convertirse en un esposo o esposa más considerado.

En otras palabras, pueden elegir hacer lo que millones de otras personas como ustedes han decidido hacer, ¡pueden elegir mejorar, pueden elegir leer más, pueden elegir crecer!

Todos necesitan leer y enriquecerse

No hay ninguna persona que no necesite cambiar su vida para mejor de una u otra manera. Todos, y digo TODOS, necesitan crecer y enriquecerse en algún aspecto de sus vidas.

Esta cita del Dr. Orison S. Marden, fundador de la revista *Success*, resume la manera en que los libros pueden ayudarte a mejorar tu vida, ayudándote a crecer:

Si estás ansioso por mejorar, lee libros que tiendan a elevar tu gusto, refinar tu imaginación, clarificar tus ambiciones, engrandecer tus ideales.

Lee libros de poder, libros que conmuevan las profundidades de tu ser con algún propósito. Lee libros que te hagan decidir hacer y ser un poco mejor, intentar un poco más ser alguien y hacer algo por el mundo.

Quince minutos de lectura concentrada todos los días te harían abarcar los grandes autores en alrededor de cinco años.

¿Estás leyendo la clase de libros que el Dr. Marden sugiere leer? ¿Está leyendo al menos quince minutos por día todos los días? Si la respuesta es "sí", felicítate, porque verdaderamente estás leyendo y haciendo tu vida más rica. Te desafío a continuar leyendo todos los días o a comenzar a leer todos los días si eres un lector reacio. Te desafío a aceptar el consejo del Dr. Marden y "... leer libros que tiendan a elevar tu gusto... refinar tu imaginación... clarificar tus ambiciones... engrandecer tus ideales". Si lo haces, los poderes ocultos de la lectura te harán más rico en todas las áreas de tu vida.

Para finalizar, les deseo a todos el éxito que se permitan tener a través de los libros que lean. Y siempre recuerden que al seguir leyendo y avanzando ¡siguen creciendo!